Aufbruch zu fremden Ufern

Auswanderung aus dem Büdinger Land

Auswanderungsbewegungen aus dem Büdinger Land
im 18. und 19. Jahrhundert

Klaus-Peter Decker

Wernings und seine wechselvolle Geschichte

Hans Erich Kehm

Auswanderer aus dem heutigen Wetteraukreis
nach Südbrasilien 1824-1830

Rodrigo Trespach

Verzeichnis der Büdinger Auswanderer

aus dem Büdinger Stadtarchiv

bearbeitet und herausgegeben
von der Geschichtswerkstatt Büdingen
Joachim Cott, Am Wildenstein 11, 63654 Büdingen
Tel. 06042/952334 www.geschichtswerkstatt-buedingen.de

Titelbild: „From the Old to the New World“, veröffentlicht in Harper's Weekly, (New York) November 7th, 1874.

Auswanderungsbewegungen aus dem Büdinger Land im 18. und 19. Jahrhundert

Klaus-Peter Decker

Vom Einwanderungsland zum Emigrationsgebiet

Während des 18. und das gesamte 19. Jahrhundert hindurch gehörte das Auswanderungsgeschehen zu den Grundproblemen der deutschen Gesellschaft. Die Fragen nach Ursachen und Motiven haben die Menschen bewegt und die Politik herausgefordert, in einem weiten Spektrum zwischen dem vergeblichen Versuch der Verhinderung und einer Kontrolle und Steuerung des anschwellenden Stromes. Auch für unsere Region, das Büdinger Land und die Wetterau, ist dazu schon vieles gesagt und geschrieben worden, meist aber wurden bloß die Namen der Auswanderer ausgebreitet oder das lokale Geschehen dargestellt, während Überblicksdarstellungen, gar mit wissenschaftlichem Anspruch, eine Wunschvorstellung geblieben sind.[1] Auch diese Abhandlung kann und will eine solche größere Zusammenschau nicht ersetzen, wohl aber einen kurzen Überblick in zeitlicher Abfolge geben, auf verschiedene Aspekte und Sichtweisen eingehen und gelegentlich den Stand der Forschung referieren.[2] Unter dem Büdinger Land sind vornehmlich die ehemaligen Gebiete der Grafschaft Ysenburg-Büdingen zu verstehen, die dann nach 1816 in den Kreisämtern der Großherzoglich-Hessischen Verwaltung aufgingen.

In den ysenburgischen Gebieten, wie auch in den Nachbarterritorien, war um 1700 die demographische Lage so, dass die Bevölkerungsverluste aus den Krisen des vorausgegangenen 17. Jahrhunderts noch nicht wieder aufgeholt waren. Ursachen für den Rückgang waren nicht so sehr direkte Kampfhandlungen in dem zwischen 1618 und 1648 wütenden Krieg und in den darauf

1 Als Überblick ist nützlich noch immer der kleine Katalog „Auswanderung aus Hessen". Ausstellung der Hess. Staatsarchive zum Hessentag 1984 in Lampertheim (Marburg 1984).

2 Der Arbeit zugrunde liegt ein Vortrag, der am 16. März 2010 in Büdingen vor dem Büdinger Geschichtsverein gehalten wurde.

folgenden französischen Eroberungskriegen eines Ludwig XIV., sondern die Begleiterscheinungen der Kriegsfurie, Seuchen, Hunger und Vermögensverluste, die permanente Ausplünderung durch Kontributionen und Winterquartiere. Dies bestimmte auch das generative Verhalten der Menschen, in den langen Zeiten existentieller Unsicherheit blieben die bäuerlichen und bürgerlichen Familien klein. Dennoch gab es Bevölkerungsverschiebungen und Flüchtlingsbewegungen im europäischen Kontext, vor allem durch die konfessionellen Frontstellungen. Dazu gehört vor allem die Ausweisung der französischen Protestanten, Hugenotten und Waldenser, nach der Aufhebung des Edikts von Nantes 1685 und in einer zweiten Welle nach dem Pfälzischen Krieg 1698/99.[3] Nicht nur der Kurfürst von Brandenburg, auch kleine Landesherren, wie die Ysenburger Grafen, haben damals die Chance für die „Peuplierung" ihres Landes erkannt und genutzt. Obwohl hier ökonomische Standortfaktoren wie Ansätze früher Industrien, städtische Märkte oder große Hofhaltungen weitgehend fehlten, ergab sich immerhin die Möglichkeit, kleineren Randgruppen, vor allem religiös Verfolgten, Anreize zur Einwanderung und Ansiedlung zu geben. Durch ihre Toleranzpolitik wurden verschiedene Teile der Grafschaft Ysenburg seit 1699 zu einer sprichwörtlichen „Freistatt des Glaubens", wobei man unter Toleranz nicht die Religionsfreiheit im Sinne moderner Grundrechte, sondern die Einräumung von Gewissensfreiheit in einem bestimmten Rahmen sehen muss. Das Bild der Einwanderung von kleinen Gruppen, aber auch Einzelgängern, Separatisten, ist höchst vielschichtig. Graf Johann Philipp siedelte in seiner kleinen Residenz Offenbach Hugenotten an und gründete für eine bäuerliche Gruppe unter ihnen 1699 das „welsche Dorf", später Neu-Isenburg genannt.[4] Ähnliche Ansiedlungsprojekte in den Kleinstädten Wächtersbach und

[3] Dazu als umfassender Überblick Ulrich Niggemann, Immigrationspolitik zwischen Konflikt und Konsens. Die Hugenottenansiedlung in Deutschland und England (1681-1697). Köln, Weimar, Wien 2008.

[4] „Aus Liebe und Mitleiden gegen die Verfolgten". Beiträge zur Gründungsgeschichte Neu-Isenburgs, hg. von Heidi Fogel und Matthias Loesch. Neu-Isenburg 1999

Büdingen scheiterten vor allem deshalb, weil sich die eingesessenen Bürger gegen die Fremden sperrten und um ihre Wald- und Weiderechte fürchteten. Daher gründete der Wächtersbacher Graf Ferdinand Maximilian für eine Gruppe von Waldensern aus dem Chisonetal eine Kolonie auf eigenem Besitz, Waldensberg genannt, wenngleich unter ungünstigen Startbedingungen.[5] Dem Büdinger Grafen Ernst Casimir, der 1712 in einem offenen Patent mit weitem Echo zur Ansiedlung einlud und dafür umfangreiche Hilfen und Privilegien in Aussicht stellte, gelang es zunächst nicht, die „wüsten Plätze" in der Stadt, im Bereich der Kellergasse oder des Großendorfs, für seine Zwecke zu nutzen, dagegen konnte er seit 1714 eine neue Vorstadt vor dem Jerusalemer Tor für Exulanten erbauen lassen.[6] Sein Onkel, Graf Carl August zu Ysenburg in Marienborn, besaß in dem ihm 1687 zugefallenen Landesteil die ungünstigsten Voraussetzungen. Sein kleines Herrschaftsgebiet umfasste nur wenige Dörfer und nicht einmal einen repräsentativen Wohnsitz, so dass er sich das abgelegene ehemalige Kloster Marienborn als Residenz ausbaute. Carl August gestattete sogar Abweichlern und Querdenkern, die etwa wegen ihrer Überzeugung mit den Kirchenbehörden in der Kurpfalz oder Württemberg in Konflikt geraten waren, in seinen Schutz zu kommen. Als „Stille im Lande" lebten diese „Separatisten" auf der Ronneburg und den umliegenden Dörfern, und brachten zum Teil neue handwerkliche Fertigkeiten wie die Strumpfweberei mit. Selbst die ständig verfolgten Neutäufer, welche die Erwachsenentaufe propagierten, wurden hier geduldet, solange sie kein öffentliches Ärgernis erregten.

5 Klaus-Peter Decker, Arme Vertriebene oder unerwünschte Fremde? Zur Gründung von Waldensberg 1699, in: 300 Jahre Waldensberg 1699-1999. Wächtersbach-Waldensberg 1999, S. 37-49, mit weiterer Literatur.

6 Matthias Benad, Toleranz und Ökonomie. Das Patent des Grafen Ernst Casimir von 1712 und die Gründung der Büdinger Vorstadt, = Büdinger Geschichtsblätter Bd. 11, 1983.

Ziele der Auswanderung im 18. Jahrhundert

In einem Verhör in Heidelberg im Frühjahr 1709 drückten einige der dort angeklagten „Neutäufer“ den heißen Wunsch aus, unter einer Obrigkeit leben zu können, die Gewissensfreiheit gewähre. Dabei fiel die Äußerung, sie wüssten „von zwei Gegenden, wo man ein *„freies Exercitium*“ haben könnte: das Marienbornische Land und Pennsylvanien...“.[7] Ausgerechnet aber aus dem Marienborner Land des toleranten Grafen Carl August wanderten in eben diesem Jahr 1709 erstmals eine nicht geringe Zahl von Untertanen nach Amerika ab. Dies wiederum geschah im Zuge einer ersten großen Welle von Auswanderern in die britischen Kolonien, in Gruppen, die als *Palatinates*, Pfälzer, bezeichnet wurden, ein Begriff der lange für deutsche Emigranten überhaupt stand.[8] Nach dem äußerst strengen Winter 1708/09 zog zunächst eine große Gemeinschaft aus dem Kochertal ab, gefolgt von Teilen der leidgeprüften Bevölkerung aus der wirtschaftlich darniederliegenden Pfalz, ein Exodus, der schnell das ganze Oberrheinland und Gebiete des heutigen Hessen erfasste. Zwischen 13.000 und 15.000 Menschen sollen damals nach England gekommen sein.[9] Die britischen Behörden konnten den Massenansturm kaum bewältigen, einige Tausend der Gestrandeten wurden in dem gerade unterworfenen Irland zwangsweise angesiedelt, andere zurückgeschickt. Schließlich gelangten mehr als 800 deutsche Familien in die neue Welt, doch waren während der unter schlimmsten Verhältnissen erfolgenden Überfahrt viele Tote zu beklagen. Aus dem Marienborner Landesteil sind bisher 21 Namen von Auswanderern bekannt, Familien und Einzelpersonen, fast ausnahmslos aus Stockheim sowie aus Ober- und Nieder-Mockstadt. Als Ziel wird bei allen

[7] Heinz Renkewitz, Hochmann von Hochenau (1670-1721). Quellenstudien zur Geschichte des Pietismus. Witten 1969, S. 235.

[8] Fritz Trautz, Die Pfälzische Auswanderung nach Nordamerika im 18. Jahrhundert. Heidelberg 1959.

[9] Dazu Jürgen Charnitzky, Einleitung zu Gottlieb Mittelberger, Reise nach Pennsylvanien im Jahre 1750 (Fremde Kulturen in alten Berichten 6, 1997), S. 7 ff.

„*in Carolinam*“ angegeben, das heißt die nach dem englischen König Karl II. benannte Kronkolonie Carolina, die hier aber wohl für die britischen Kolonien überhaupt steht. Warum es gerade aus diesen Dörfern zum Abzug kam und wie er organisiert wurde, ist nicht klar. Die Namen sind den Kellereirechnungen oder Amtsprotokollen zu entnehmen, in denen die Zahlung der üblichen Abzugssteuer vermerkt ist, des „Zehnten Pfennig“, üblicherweise 10 % der nach Abzug der Schulden verbliebenen Vermögenswerte.[10]

Bisweilen war das Büdinger Land nur eine Durchgangsstation für Migranten. So auch für die Neutäufer, die im Marienborner Teil eine Bleibe gefunden hatten. Als diese 1714 mit der Herrschaft in Konflikt wegen öffentlicher Taufen im Seemenbach bei Düdelsheim gerieten, bei denen zuletzt auch ysenburgische Untertanen und nicht nur fremde Beisassen getauft wurden,[11] wurden sie ausgewiesen. Aber ihr weiterer Weg kann als frühes Beispiel für eine geordnete, gut durchdachte Emigration dienen. Die Auswanderer erhielten ordnungsgemäße Pässe und gute Leumundszeugnisse. Unter Führung von Peter Becker aus Düdelsheim wandte sich die Gruppe zunächst nach Krefeld am Niederrhein, wo Mennoniten eine blühende Textilindustrie ins Leben gerufen hatten. Nachdem sie sich auf diesem Sektor berufliche Kenntnisse angeeignet hatten, emigrierten 1719 gemeinsam etwa 20 Familien nach Pennsylvanien, wohin von Krefeld aus schon seit der Gründung Philadelphias 1683 besondere Beziehungen bestanden. Von der Anlaufstelle Germantown aus suchten sie sich Land zum Siedeln in der Umgebung und gaben ihrer Glaubensgemeinschaft feste Formen. Somit gilt Peter Becker als Gründer der „Church of the Brethren“, einer der Baptistenkirchen in den Staaten, die noch heute besteht und die Erinnerung an Frühgeschichte in Europa besonders pflegt, dazu gehört neben Marienborn und Düdelsheim auch Schwarzenau an der Eder in der Grafschaft Sayn-Wittgenstein.

[10] Fürstlich Ysenburgisches Archiv Büdingen (FA Büd.), Ysenburger Protokolle 17: Marienborner Amtsprotokoll 1709-1710.

[11] Donald F. Durnbaugh, Peter Becker (1687-1758), in: Chronik Düdelsheim 792-1992. Büdingen 1991, S. 116-127.

Die Privatkolonie Pennsylvanien, das „Waldland" des Quäkers William Penn, deren Verfassung ein Höchstmaß an religiöser Toleranz garantierte, hat auch weiterhin große Anziehungskraft auf die religiösen Gruppierungen im Büdinger Land ausgeübt. Aus den Zirkeln der Separatisten, die sich 1714 in Himbach zur Gemeinschaft der Inspirierten zusammenfanden, wanderten immer wieder Einzelne aus den Dörfern um die Ronneburg dorthin aus. Von dem Sohn des „Gründers" der Gemeinschaft, Eberhard Ludwig Gruber, Johann Adam Gruber (1693-1763), der zeitweise selbst als „Werkzeug" mit der Gabe der Inspiration auftrat, besitzen wir eine bewegende Schilderung von den Beschwernissen der Überfahrt über den Atlantik. Am 14. Dezember 1726 schrieb er aus Germantown:

> *„Ein und zwanzig Wochen sind wir von Rotterdam bis hieher auf der Reise gewesen, und darunter 15 Wochen von Engelland bis hieher. In den ersten vier Wochen haben wir einen solchen Sturm gehabt, daß wir gemeynet, wir würden alle zu Grund gehen, darum auch unser Schiff einen Mast verloren. Wir sind im Wasser die meiste Zeit gelegen bis zu den Knöcheln. Unser Platz im Schiff war für mich mit Frau und zwey Kinder, 2 und ein halb Schuh breit, 5 und ein halb Schuh lang und 4 Schuh hoch, darinnen haben wir unsere Better und unsere Lebensmittel haben müssen.*[12] *Anfänglich haben wir wegen der Seekrankheit die Schiffskost nicht essen können, und zwey Schoppen Wasser die Person des Tages bekommen, hernach aber bekamen wir täglich nur ein Schoppen, ja endlich nur einen völligen halben Schoppen, und über 3 Wochen lang des Tages nur 4 Loth Brot und etwa 7 bis 8 Löffel voll bloß gequellte ungeschmeltzte Gersten, dabey meine 2 Kinder (das gröste in der 8ten, das kleinste in der 14ten Woche) verschmachtet sehen müssen..."*[13]

[12] Also eine Koje von etwa 80 auf 170 cm, Höhe 120 cm.

[13] Gnädige und innige Erkantniß und Bekantniß... [von] Br. Johann Adam Gruber, ... da er im Jahr 1726 mit den Seinigen nach Pensilvanien reiste. O.O. 1782; nach dem Exemplar im Stadtarchiv Büdingen, Sammlung Mörschel Nr. 103.

Auswanderer nach Amerika, Inneres des Auswandererschiffes „Samuel Hop“, 1850. Quelle: Bundesarchiv Bild 137-041316

Innenansicht der dritten Klasse eines Auswandererhauses 1882

COPIÆ

Der Neu Schottischen Privilegien und darzu gehöriger Nachrichten samt einem Extract aus derjenigen Vollmacht, welche der Königl. Groß-Brittanische Herr Agent John Dick, sub dato Roterdam den 17. Julii 1751. an den zu Heilbronn etablirten Hauptmann, Jacob Friderich Heerbrand, ausgestellet; Mit Beyfügung eines nöthigen Avertissements. &c.

PRIVILEGIEN

Und Vortheile seynd:

(1.)

Daß an jedem Fremden fünfzig Morgen Landes oder Aecker sollen angewiesen und ausgetheilet werden, und zwar frey von allen Zinnßen und Taxen währender Zeit von zehen Jahren, nach Endigung derselben soll keiner mehr zahlen als einen Schilling, jährlich von seinen ihme solchermassen ausgetheilten fünfzig Aeckern.

2) Daß übergedachte fünfzig Aecker ferner an jedem Fremden, welcher ein Hausgesinde hat, und zwar für jede Person desselbigen, die Frau und Kinder mitgerechnet, noch zehen Aecker mehr auf demselben Fuß sollen ausgetheilet werden, wie auch nach der Proportion seiner Geschicklichkeit in Bauung des Landes und nach dem Anwachs seines Hausgesindes, denenselben noch mehrere Vortheile vergönnet werden sollen.

3) Daß alle solche Fremde ganzer zwölf Monat nach ihrer Ankunft in gedachter Provinz Nova Scotia sollen unterhalten werden.

4) Soll ihnen so viele Quantitæt Materialien und Geschirr zur Haushaltung, Sauberung und Bauung ihres Aeckers, Aufrichtung der Wohnungen und anderes Geräthe, dessen sie zu ihrer Nahrung bedürftig sind, frey angeschaffet werden.

Damit sothane Fremde, welche gesinnet, sich in Nova Scotia oder in Neu-Schottland wohnhaft niederzulassen, fernere Nachricht haben mögen, so dienet, daß diese Provinz unter dem Gebiet der Krone von Groß-Brittannien in Nord America, zwischen dem 45. und 51. Grad, Norder Breite lieget, die Luft oder das Climat allda sehr gesund, und der Landgrund so ergiebig und fruchtbar sey, als in Deutschland seyn kan, indeme solcher durch guten Anbau alles dasjenige überflüssig hervorbringt, was man zum Lebensunterhalt nöthig hat, als Getraide oder Korn, Hanff, Flachs, gutes Obst, hat dabey auch eine schöne Viehzucht, und ist sonderlich wohl gelegen, Schiffarth und Handlung zu treiben, welche Vortheile demnach eine grose Anzahl Brittische und andere Fremden dahin zu ziehen angereizet, welche durch Göttlichen Segen bereits so grose Progressen gemachet, dergleichen nimmer von einer neu-angelegten Colonie gehöret, welches alles herrühret von der gesegneten Situation dieser Provinz, als auch groser Sorgfalt, welche das Gouvernement träget, solche Colonisten zu unterstüzen, so, daß keinesweges zu zweifeln, diese Provinz werde unter Göttlichen Segen in kurzen eine der Florisantesten von Sr. Königl. Groß-Brittannischen Majestät in America seyn.

Nachricht.

Es macht John Dick, Sr. Königl. Groß-Brittannischen Majestät Agent von der Colonie Nova Scotia, wohnend zu Rotterdam, hiermit kund und zu wissen allen und jeden auswärtigen Protestanten, welche mit Erlaubniß ihrer respect.

X Obrig-

Obrigkeiten, willens sind, sich unter Protection Sr. Königl. Groß-Brittannischen Majestät in der Provinz Nova Scotia (oder Neu-Schottland) in Nord America wohnhaftig niederzulassen.

Daß auf Befehl Sr. Königl. Groß-Brittannischen Majestät, die Hochlöbl. Herren Lords-Commissarien der Commercien und Colonien, ihme obgesagten John Dick, haben zu erkennen gegeben, daß es Sr. Groß-Brittannischen Majestät allergnädigster Befehl, allen solchen Protestanten eben dieselben Privilegien, Freyheiten und Vortheile zu zustehen, als voriges Jahr (welche an der Umseits specificiret) und welche diejenige Colonisten bereits geniesen, so leztes Jahr durch John Dick, dahin seyn transportiret worden, sich nur alleine wegen Bezahlung ihrer Ueberfahrt von Rotterdam aus, bis nach gedachter Provinz Neu-Schottland, mit John Dick, zu vergleichen.

Obgemelder John Dick, Sr. Königl. Groß-Brittannischen Majestät, allergnädigsten Befehl zu Folge, macht durch dieses ferner öffentlich bekannt und zu wissen, daß alle bereits nachtheilige calumnieuse und schändliche Gerüchte von obgenannter Colonie Nova Scotia, wie künstlich auch erdichtet und eifrig solche ausgestreuet worden, falsch und ungegründet seyn, und durch solche Personen alleine ausgebreitet werden, welche suchen Nuz und Vortheile zu ziehen, die Leute von Neu-Schottland abzuhalten, um selbe nach andern Colonien in America zu ziehen, wodurch sie aus boßhaften Absichten, die Leute der Geniesung des wahren Glückes berauben, welches ihnen durch die Etablirung in Nova Scotia unter Göttlichen Segen und unter der Protection und Schuz Sr. Königl. Groß-Brittannischen Majestät solte zu wachsen.

Und dieweilen einige auswärtige nach Nova Scotia ziehen-wollende Personen, voriges Jahr sich nach Londen begeben, um von daselbst aus dahin transportirt zu werden und dadurch in grose Armuth und Dürftigkeit gerathen, wodurch sie denen Herren Lord-Commissarien und der Stadt sehr lastig gefallen, obwolen diese Herren aus Erbarmung und Mitleiden sich ihrer angenommen.

Um aber dergleichen Unheil fürzukommen, so thut John Dick, auf hohe Ordre hiermit bekannt machen und warnet jedermann, sich durch solches Reisen nach Londen, nicht in Ungemach und Unkosten zu sezen, dieweilen bey denen Hochlöbl. Herren Lord-Commissarien vest beschlossen, solchen Leuten kein Gehör mehr zu geben, noch weniger sich ihrer anzunehmen, sondern daß sie sich alleine an John Dick, in Rotterdam müssen addressiren, als welcher hierzu die nöthige Ordre hat, um die Fracht so zu reguliren und denen Colonisten so viel möglich die Passage zu erleichtern.

Da es demnach auch nöthig, daß sich John Dick in Zeiten mit nöthigen Schiffen und Lebensmitteln zu solcher Reise versehen muß. So werden alle und jede, welche also gesinnet, in obgedachter Provinz sich niederzulassen, ersucht, sich in Zeiten zu melden, bey mehrgemelden John Dick in Rotterdam, oder bey dessen Gevollmächtigen und Abgeschickten in Deutschland, welcher durch Vorzeigung seiner Vollmacht sich legitimiren kan, damit man im Stande sey, es so einzurichten, um denen Passagiers auf ihrer Reise vollkommen Genügen zu können geben, als auch die Anzahl solcher Colonisten denen Hochlöbl. Herren Lord-Commissarien berichten zu können, welche dann zeitliche und gehörige Ordre geben werden, zu Unterhaltung der Neu-ankommenden in erwehnter Colonie, als auch dieselben mit Materialien zu versehen, daß Land gehörig zu vertheilen und ihre Wohnung in einer fruchtbaren Gegend des Landes, und so annehmlich und vortheilhaft als möglich seyn kan, anzuweisen. Zur Urkunde und Bekräftigung dessen, hat oberwehnter John Dick, dieses mit eigener Hand unterschrieben.

John Dick.

NB. Dieses dienet zur Nachricht und nicht zur Vollmacht, sondern ist nur alleine denen zu glauben, welche sich von mir mit einer dazu Versehenen legitimiren können.

Ex-

Originalvorlage: Hauptstadtarchiv Stuttgart

Mühsale und Gefahren waren also durchaus bekannt, die Hoffnung auf ein besseres Leben wog stärker. Langsam aber stetig stieg die Zahl der Auswanderungswilligen an. Schon in einem Werbeaufruf der Kolonie Massachusetts werden 1751 unter den Unterzeichnern auch einige Büdinger genannt.[14]

Neue Räume kamen hinzu. So lockten nun Gebiete in Südosteuropa, wo das Haus Habsburg die erneute Kolonisierung der in den Türkenkriegen zurückeroberten Regionen im Donauraum vorantrieb. Seit 1720 werden verstärkt Auswanderer nach Ungarn genannt, seit 1748 war die südliche Grenzregion, das Banat, ein Hauptziel. So zogen 1722 elf Bleichenbacher Familien mit über 60 Personen nach Ungarn, ein Aderlass für das Dorf,[15] und im Mai 1753 wandten sich sechs recht vermögende Untertanen aus Calbach nach Ungarn.[16] Über die Organisation und die Reisewege wurde für unsere Region noch wenig geforscht, vermutlich musste zunächst die Donau erreicht werden, dann ging es auf dem Wasserweg mit Flößen oder den bekannten „Ulmer Schachteln“, Einwegbooten, in die Zielgebiete. Was ein solcher Entschluss für die familiäre Existenz bedeuten konnte, wird an zwei Fällen aus Düdelsheim aktenkundig, in denen versucht wurde, das Abenteuer wieder rückgängig zu machen. Im Mai 1723 richtete Stephan Menges einen Bittbrief an den Landesherrn, Graf Carl August zu Ysenburg in Marienborn.[17] Als ehemaliger Untertan zu Düdelsheim hätte er sich überreden lassen, nach Ungarn zu ziehen. Da es zu Schwierigkeiten gekommen sei, habe er sein

[14] Friedrich Krebs, Ein Aufruf zur Auswanderung nach dem amerikanischen Staat Massachusetts aus dem Jahre 1751, in: Hess. Familienkunde 5, 1961, H. 18, Sp. 435-438. – Unterzeichner aus Büdingen: Joh. Ulrich Mayer, Isaac Iserloh, Joh. Georg Mörsch (identisch wohl mit J.G. Mörs, s. unten Namenslisten).

[15] Rudolf Höhn, Elf Bleichenbacher Familien wandern 1722 nach Ungarn aus, in: Büdinger Geschichtsblätter 14, 1991/92, S. 361-367. Hier hat sich ein Ansiedlungsvertrag erhalten.

[16] FA Büd Renterei-Rechnung Büdingen 1752/53 p. 20. Eine Frau zahlte den 10. Pfennig von 184 Gulden, die übrigen fünf besaßen Vermögen zwischen 771 und 939 Gulden.

[17] Die beiden folgenden Vorgänge in FA Büd Stadt und Land 64/491 a.

„Vaterland“ wieder aufgesucht, was ihm aber der Amtmann *verwehre. Menges richtete daher an den Grafen die „ganz unterthänigst-, gehorsamst-, flehentlich- und fußfällige Bitte“,* ihm den Fehler zu vergeben und ihn mit seiner hochschwangeren Frau und 6 *„unerzogenen“* Kindern wieder in seinem Dorf wohnen zu lassen. Die Kanzlei antwortete darauf, dass der Graf aus landesväterlicher Vorsorge für die im Lande bleibenden und sich ehrlich darin nährenden getreuen Untertanen den festen Entschluss gefasst habe, niemanden von denjenigen, die aus dem Lande gezogen seien, wieder aufzunehmen, wenn sie das ihrige mutwilligerweise draußen vertan und in Armut geraten seien, *„mithin untüchtig gemacht haben, nützliche Unterthanen zu seyn“.* Auch die Dorfbewohner hätten sich über die Emigranten beschwert, die zum Nachteil der Einwohner versuchten, sich wieder einzuschleichen. Dem Menges wurde daher sein Begehren abgeschlagen und ihm bedeutet, sich mit seiner Familie ungesäumt von Düdelsheim weg und anderwärts zu begeben.

Etwas milder zeigte sich Graf Carl August im Falle des Caspar Kraft, gleichfalls aus Düdelsheim. Dieser war nach eigener Darstellung von zwei Töchtern aus erster Ehe, die bereits in Ungarn wohnten, überredet worden, ihnen zu folgen, um seine *„übrige Lebens Tage“* dort zu verbringen. Er hatte daher Hof und Güter, die von seiner verstorbenen Frau herrührten, verkauft und den Kindern ihr Erbteil ausgezahlt. Daraufhin war ihm der „Manumissionsschein“, die Abzugserlaubnis, erteilt worden. Dann aber zeigten sich seine zweite Frau und weitere Kinder nicht bereit, mit ihm auszuwandern. Die Reise aber allein und auf sich gestellt anzutreten falle ihm *„wegen hohen Alters und Baufälligkeit ... sehr schwer und unmöglich“.* Der Graf ließ den Fall prüfen und wies seine Beamten an, Caspar Kraft wieder in Düdelsheim aufzunehmen, jedoch ohne ihm die bereits gezahlte Nachsteuer („Zehnter Pfennig“) zurückzuerstatten.

Selbst in Südafrika fassten ab 1754 Auswanderer als Soldaten und Handwerker im Dienst der Niederländisch-Ostindischen Kompanie Fuß, dabei sind Angehörige der Büdinger Familien

Spengler und Geyer genannt.[18] Mit den Schiffen der Handelskompagnien gelangten Vogelsberger sogar bis nach Holländisch-Indien, das heutige Indonesien.[19] Nach dem Ende des Siebenjährigen Krieges lockte die von dem Preußenkönig Friedrich dem Großen in Pommern und den neugewonnenen schlesischen Gebieten eingeleitete Kultivierung viele Siedler an, auch aus dem Büdinger Land.

Die Auswanderung an die Wolga 1766

In eben diese Zeit nach 1763, vor dem Hintergrund des wiedergewonnenen Friedens in Europa, fällt eine Massenauswanderung von bisher nicht gekannten Ausmaßen, auf den „Ruf der Zarin" hin, wie es in einem Buchtitel heißt, die Gebiete an der mittleren Wolga planmäßig zu besiedeln. In diesem Massenphänomen von 1766 spielt Büdingen als Ort der russischen Werbungen, Sammelplatz der Transporte und Schauplatz von 375 Kolonisten-Trauungen eine besondere Rolle. Die Thematik hat eine eingehende Darstellung gefunden und soll hier nur in kurzen Zügen in die allgemeinen Abläufe hineingestellt werden.[20] Am 22. Juli 1763 erließ Zarin Katharina die Große, eine deutsche Prinzessin aus dem Hause Anhalt-Zerbst, ein Manifest, das Siedler ins russische Reich einlud. Dazu stellte sie beträchtliche Privilegien und handfeste Starthilfen in Aussicht, die mehr als bloße Anreize boten: angesichts der realen sozialen Verhältnisse in den Agrargebieten und den politischen Beschwerungen in den meisten Kleinstaaten, mussten sie als ein geradezu revolutionäres Programm erscheinen. Jeder Kolonist sollte ein ausreichendes Stück Land mit guten Böden erhalten, dazu Pferde, Wagen, Geschirr und Saatgut. Zudem wurden Steuerfreiheit bis zu 30 Jahren, Religions- und Kultfreiheit, Freiheit von Diensten und

[18] Adalbert Brauer, Büdinger Auswanderer des 18. Jahrhunderts in Südafrika, in: Heimat-Blätter für den Kreis Büdingen 17, 1954, Nr. 6, S. 1-3.

[19] Karl Geisel, Ost-Indien-Auswanderer aus dem Kreis Gelnhausen, in: Heimat-Jahrbuch des Kreises Gelnhausen 1967, S. 126-128.

[20] Klaus-Peter Decker, Büdingen als Sammelplatz der Auswanderung an die Wolga 1766. Büdingen 2009

Kontributionen und die Freistellung vom Militärdienst, „auf ewig“, wie es hieß, eingeräumt. Was das Besondere ausmachte, war die generalstabsmäßige Planung und Durchführung der Aktion – und in der Tat waren damit überwiegend Offiziere betraut, die nach dem langen Krieg ihren Job verloren hatten. Die straffe Organisation reichte von der Anwerbung in Sammelplätzen, wo Handgelder während des Aufenthalts und für die Zeit der Reise gezahlt wurden, über den Landtransport und die Verschiffung über die Ostsee, die Bereitstellung erster Winterquartiere in Rußland und schließlich die Anlage geschlossener neuer Siedlungen in einem Riesenareal an der mittleren Wolga im Distrikt Saratow. Obwohl die Reichsbehörden, wie der Regensburger Reichstag, und die meisten Landesherren das Geschehen durch Verbote einzudämmen suchten, begann Ende 1765 das „Rußlandfieber“ zu grassieren. In Scharen liefen vor allem Bewohner der armen Höhengebiete, dem Vogelsberg, der fuldischen Rhön oder dem Odenwald, besonders auch aus Dörfern am Büdinger Wald und auf der „Spielberger Platte“ den Werbern zu, um nach „Astrachan“ zu ziehen, wie es zeitgenössisch heißt.

Zu den wenigen Territorialherrn im Reich, die russische Werbungen und die Einrichtung einer Sammelstelle erlaubten, gehörte der Büdinger Graf Gustav Friedrich zu Ysenburg. Seit Februar 1766 betrieb der aus Hanau stammende Johann Facius hier das Werbegeschäft, mit dem er zuvor in der Reichsstadt Frankfurt nicht zum Zuge gekommen war. Die auswanderungswilligen Kolonisten kamen nicht nur aus der Umgebung, sondern strömten auch aus entfernten Gebieten wie Thüringen, Sachsen, Flandern, Holland, dem Elsaß und der Schweiz in Büdingen zusammen. Die Stadt muss einem Heerlager geglichen haben und nicht nur die Kassen der Herrschaft, sondern auch Handwerker und Geschäftsleute profitierten davon. Einen Eindruck von den Ausmaßen und den Herkunftsorten vermittelt das „Kopulationsbuch“ der Stadtkirche. Hier sind die 375 Hochzeiten registriert, die zwischen dem 24. Februar und dem 8. Juli 1766 stattfanden, schubweise mit bis zu 13 Trauungen an einem Tag. Für das Siedlungsprogramm waren vor allem Familien oder junge Paare erwünscht. Ab Juli wurden die Listen geschlossen, die Transporte über Land und die Flüsse hinab mussten den Hafen Lübeck erreichen, solange die Ostsee bis Anfang Oktober noch bei günstigen Witterungsverhältnissen zu befahren war. Vom Zielhafen Kronstadt aus wurden die Kolonisten nach Oranienbaum bei St. Petersburg gebracht, wo eine eigens eingerichtete „Tutelkanzlei" die weitere Organisation übernahm. Die Kolonisten kamen zunächst in Winterquartiere und erreichten ihre Zielgebiete an der Wolga erst im Frühsommer 1767. Hier wurden mit Hilfe von „Lokatoren" die Ländereien zugewiesen und die Dörfer angelegt, die ganz unterschiedliche Namen erhielten. Viele der Auswanderer aus „Isenburg" finden wir in den Siedlungen Balzer und Kraft. Das Geschehen blieb zunächst auf die Jahre um 1766/67 beschränkt, das Projekt, das große Summen verschlang, musste sich zunächst einmal bewähren. Erst später wurden auch andere Regionen in dem riesigen Reich zu Zielgebieten. Ein russischer Forscher, Prof. Dr. Igor Plewe, hat die verschollen geglaubten, genau geführten Einwanderungslisten wieder aufgefunden und in jüngerer Zeit auch in deutscher Sprache veröffentlicht. Plewe hat auch erstmals exakte Zahlen ermittelt. So wurden schließlich 23.216 Bewohner in den 104 Kolonien angesiedelt, die zwischen 1764 und 1771 an der mittleren Wolga gegründet wurden. Ein Großteil kam aus Gebieten im heutigen Hessen. 3293 Menschen waren auf der beschwerlichen Reise in die ersehnte neue Heimat gestorben.[21]

Für das globale Auswanderungsgeschehen sind die späteren Migrationswege der „Russlanddeutschen" höchst aufschlussreich. Denn nach der rigorosen Beschränkung der einst gewährten Rechte und dem Verlust der Privilegien im Zarenreich des 19. Jahrhunderts verließen Tausende ihre Siedlungen und wanderten durch das riesige Reich und über den Pazifik weiter in die Vereinigten Staaten und nach Kanada, ja sie gelangten teilweise bis Uruguay und Paraguay in Südamerika. Heute sammeln sich viele ihrer Nachfahren in den USA in der „American Historical Society of Germans from Russia" (AHSGR) mit ihrem Zentrum in Lincoln/Nebraska, um das besondere kulturelle Erbe zu

[21] Ebenda, S. 25, mit Nachweisen.

bewahren, nach ihren Wurzeln zu forschen und durch regelmäßige Treffen den Zusammenhalt zu pflegen.

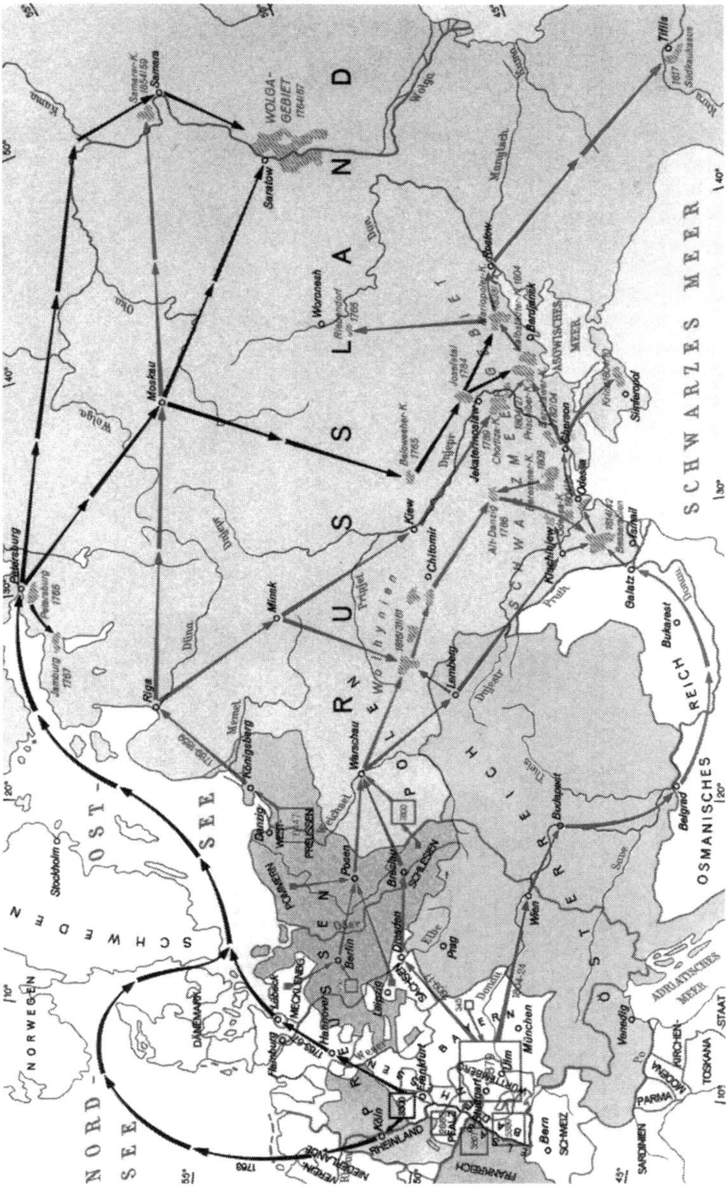

Auswanderung von Deutschen in das Schwarzmeer- und Wolgagebiet im 18. und 19. Jahrhundert

Quelle: www.muenster.org/privjet/inhalte/info/infohtml/geschichte.html

German-Russian Volga Area
Germany
Russia
Volga Wiesenseite
Volga Bergseite
SARATOV
Pokrovsk
(Engles)
Solotoye
Kamyshin
Krasnyy-Kut
Volga River
Karanyoh River
Medvelitza River
Nachoi River
Jeruslan River
Ilawla River
Jagodnaja Poljana
Neu-Straub
Schaffhausen
Glarus
Basel
Wittmann
Schönchen
Luzern
Unterwalden
Susannental
Kind
Orlowskoje
Brockhausen
Katharinenstadt
Kano
Boaro
Beauregard
Fischer
Paulskoje
Rosenheim
Enders
Philippsfeld
Beckerdorf
Stahl
Nieder-Monjou
Krasnojar
Schwed
Schulz
Reinwald
Urbach
Reinhardt
Rohleder
Schäfer
Herzog
Graf
Mariental
Louis
Fresental
Neu-Boaro
Lilienfeld
Neu-Mariental
Liebental
Alexanderhöh
Neu-Obermonjou
Neu-Urbach
Weizenfeld
Gnadendorf
Rosenfeld
Neu-Laub
Nedemtal
Ostenfeld
Orloff
Lysanderhöh
Hohendorf
Köppental
Fresenheim
Lindenau
Rosental
Hoffental
Konstantinowka
Langenfeld
Rosenfeld
Hussenbach
Gnadenfeld
Neu-Beideck
Neu-Bauer
Eckheim
Friedenfeld
Achrenfeld
Neu-Schilling
Brunnental
Streckerau
Marienberg
Viesenmüller
Friedenberg
Gnadentau
Brabander
Dehler
Bangert
Stahl
Kukkus
Lauwa
Jost
Laub
Dinkel
Straub
Warenburg
Preuss
Hölzel
Seelmann
Schilling
Beideck
Anton
Balzer
Messer
Neor
Neukolonie
Walker
Norka
Frank
Kolb
Neu-Messer
Huck
Neu-Donhof
Kutter
New-Balzer
Donhof
Hussenbach
Kauz
Dietel
Merkel
Bauer
Kratzke
Grinn
Rothammel
Seewald
Degott
Schuck
Franzosen
Vollmer
Husaren
Kanenka
Pfeifer
Hildmann
Köhler
Stephan
Leichtling
Müllen
Senenovka
Kraft
Tscherbakovka
Goebel
Hoestein
Schwab
Dreispitz
Galka
Neu-Norka
Alexandertal
Oberdorf
Josefstal
Dobrinka
Erlenbach
Rosenberg
Marianfeld
Unterdorf
Awilowo
N
W
E
S

Die Neue Welt als Ziel der Träume im 19. Jahrhundert

Mit der Unabhängigkeitserklärung vom 4. Juli 1776 und nach dem Ende des darauf folgenden Krieges 1783 schlossen sich die 13 bisher britischen Kronkolonien zu den Vereinigten Staaten von Amerika zusammen. Danach begann die zunächst langsame, dann stürmische Erschließung und Besitzergreifung des amerikanischen Westens durch den „weißen Mann", mit den bekannten Folgen, von denen die Verdrängung, ja Ausrottung der indianischen Bevölkerung zu den schlimmsten zählen. Für die Besiedlung dieser Räume wurde ein riesiges Menschenpotential benötigt, das nur durch Einwanderer zu rekrutieren war.

Doch die erste große Emigrationswelle des 19. Jahrhunderts, die auch die oberhessische Provinz erfasste, ging gar nicht nach Nordamerika, ihr Ziel wurde vielmehr seit 1824 Brasilien, das sich von Portugal gelöst und 1822 als Kaiserreich unter Pedro I. unabhängig geworden war. Die bisherige Bewirtschaftung der ausgedehnten Plantagen mit Sklaven aus Afrika sollte durch eine großräumige Neusiedlung abgelöst werden, für die Einwanderer gebraucht wurden. Es waren nicht in erster Linie Abenteuerlust und Hoffnung auf schnellen Reichtum, die zahlreiche Menschen aus dem nunmehrigen Deutschen Bund zu einer beschwerlichen Reise um die halbe Welt in ein unbekanntes exotischen Land aufbrechen ließen, sondern dahinter stand wiederum bittere wirtschaftliche Not. Unmittelbar nach den langen Kriegszeiten der Napoleonischen Epoche kam es im Winter 1816/1817 zu einer schlimmen Hungersnot, vor allem in Süddeutschland, Hessen eingeschlossen.[22] Not und Teuerung führten zu spontanen, ungeordneten Auswanderungszügen, die wiederum restriktive Maßnahmen provozierten, so durch die niederländische Regierung im Hafen Rotterdam.[23] Diese Dinge verstärkten in den politischen Kreisen die Einsicht, dass nur eine kontrollierte

[22] Man weiß heute, dass die riesige Aschewolke vom Ausbruch des Vulkans Tambora 1815 auf der indonesischen Insel Sumbawa, die sich auch auf der Nordhalbkugel ausbreitete, das „Jahr ohne Sommer" 1816 und die folgenden Missernten mit verschuldet hat.

[23] Zum folgenden Franz, „Peter der Eremit", S. 238 f.

Auswanderung bei der Lösung der Probleme der Überbevölkerung und der Verarmung („Pauperismus“) hilfreich sein könnte. Die neue Verfassung des Großherzogtums Hessen vom 17.12.1820 bestimmte in Artikel 24, dass jedem Untertan das Recht der freien Auswanderung zustehe, wozu am 30. Mai 1821 noch ein Ausführungsgesetz *„über die Auswanderungen“* folgte. In Kurhessen hingegen, wozu auch der Kreis Gelnhausen zählte, wurde erst in der Verfassung von 1831 das Recht auf Auswanderung festgeschrieben. In dem schließlich in der Frankfurter Paulskirche im Dezember 1848 beschlossenen Gesetz über die Grundrechte des deutschen Volkes hieß es in Art. 1, § 6: „Die Auswanderungsfreiheit ist von Staats wegen nicht beschränkt“.[24] Das Gesetz wurde schon am 6. Januar 1849 im Büdinger Anzeigenblatt veröffentlicht.

Das starke Echo auf die Versprechungen der Werber, die nach Brasilien einluden, hat seine Ursache auch darin, dass keine ernsthaften Repressionen mehr zu befürchten waren. Halbe Dorfschaften im Vogelsberg sollen sich zur Abwanderung entschlossen haben. Das Büdinger Landgericht publizierte am 11. Februar 1825 zur Regulierung von offenen Forderungen eine Liste von 291 Haushaltsvorständen, die zur Auswanderung nach Brasilien bereit seien, man kann somit von mehr als 1000 Familienangehörigen ausgehen. Nicht jeder davon wird dann auch wirklich abgezogen sein, aber aus Hessen kamen sicher einige Tausende zusammen. Allein aus dem kleinen Michelau, das unten noch genauer behandelt wird, sind in der Liste fünf Familien genannt: diejenigen der Leinweber Adam Lampmann und August Treser, der Bauern Conrad Stürz und Conrad Stürz II, des Tagelöhners Johann Maldfeld, dazu noch die Witwe eines Philipp Kaiser mit drei Kindern und der ledige Johann Jost Lampmann.

Unter dem Eindruck der sich wie eine Eruption verbreitenden bäuerlichen Unruhen, die, ausgehend von Hanau, 1830 die

[24] Gesetz betr. die Grundrechte des deutschen Volkes, Frankfurt, 27.12.1848; abgedruckt im Büdinger Anzeigenblatt Nr. 1, vom 6.1.1849. Weiter hieß es darin: Abzugsgelder dürfen nicht erhoben werden, die Auswanderungsangelegenheit steht unter dem Schutz und der Fürsorge des Reiches.

ysenburgischen Ämter und schließlich die ganze Provinz Oberhessen erfassten,[25] wurde in den Folgejahren gerade in Büdingen über eine sorgfältig vorbereitete Auswanderung nachgedacht. Karl Ebenau (1795-1843), ein enger Freund des Büdinger Gymnasialdirektors Georg Thudichum, kündigte im Juli 1834 die Herausgabe einer Monatsschrift *„Der Nordamerikanische Kundschafter“* an. Sie sollte den Auswanderungswilligen eine *„möglichst vollständige Kunde über den Zustand der Natur und Menschheit in den Freistaaten“* vermitteln, über das aktuelle Auswanderungsgeschehen unterrichten und so zum objektiven Vergleich der Vor- und Nachteile anregen.[26] Die Zeitschrift, an der auch Thudichum mitarbeiten sollte, ist in der Tat im Verlag der Hellerschen Hofbuchdruckerei in Büdingen 1835 erschienen.[27] Wie lange sie bestand und welche Wirkung sie hatte ist noch nicht untersucht.[28]

[25] Christoph Crößmann, Die Unruhen in Oberhessen im Herbste 1830 (Quellen und Forschungen zur hessischen Geschichte 8), Darmstadt 1929.

[26] Ankündigung im Intelligenzblatt für die Provinz Oberhessen (Friedberg) Nr. 28, 12.7.1834, S. 166 f.

[27] Friedrich Thudichum, Geschichte des Geschlechtes Thudichum. Teil 1, Tübingen 1893, S. 142 Anm. 1.

[28] Im Stadtarchiv Büdingen nicht vorhanden, auch sonst konnte ich bisher kein Exemplar einsehen.

Regelmäßige amerikanische Postschiffe neuer Linie

zwischen ***Havre, New-York, New-Orleans, Canada & Australien,***

von ancienne maison J. Barbe, Th. Mousset, C. Brown & Cie successeurs à Hâvre.

Schiffs-Vertrag für Auswanderer.

Abgefaßt nach der zum Schutze der Auswanderer erlassenen Großherzoglich Hessischen Verordnung vom 25. Januar 1851.

Controle-№ ***Agentur-№.***

von .... nach ....

via ....

☞ Dieser Vertrag kann nur bei Vorweisung der gesetzlichen Legitimations-Papiere als giltig betrachtet werden. ☜

Im Namen und Auftrag der Schiffs-Befrachter **Th. Mousset, C. Brown & Cie. in Havre** hat der Unterzeichnete, zur Beförderung von Auswanderern gehörig concessionirte Haupt-Agent **Carl Racké** in **Mainz** ansäßig, für welchen dessen ebenfalls concessionirter und mitunterschriebener Unter-Agent hier handelnd aufgetreten ist, mit dem .... von .... Kreis .... nachstehenden Vertrag abgeschlossen, kraft welchem Ersterer verpflichtet ist, nachbenannte Auswanderer, und zwar:

Vor- und Zunamen der Passagiere.	Wohnort.	Stand.	Alter.

bestehend in .... Erwachsenen

" " .... Kind von 1 bis 10 Jahren

und .... Säuglinge unter 1 Jahr.

Zusammen .... Personen.

laut nachfolgender Uebereinkunft und vorstehend bemerkter Reiseroute von .... nach Havre und von da durch Vermittlung der Herren **Th. Mousset, C. Brown & Cie.** unter nachstehenden Bedingungen nach .... zu befördern. Nämlich:

§. 1.

Das Gepäck der Passagiere wird am Bahnhof oder Dampfboot der bestimmten Anmeldestation in Empfang genommen und frei nach der Abfahrtsstation befördert. Alle Kosten der Garantie und die Gebühren für freien Durchzug der Personen an der Grenze fallen dem Accordgeber zur Last, nur die durch Mitnahme von Waaren entstehenden Kosten haben die Eigenthümer zu tragen. Auf den nachgenannten Bureaux empfangen die Passagiere ihre Eisenbahn- oder Dampfboot-Billete und wird ihnen die Stunde der Abfahrt bezeichnet; wer zur festgesetzten Zeit nicht an der Abfahrtsstelle sich einfindet, hat etwa entstehende Nachtheile selbst zu tragen. Wer an dem festgesetzten Tage nicht zu gehöriger Tageszeit sich auf dem Bureau der bezeichneten, resp. bedungenen Anmeldestation einfindet, oder durch eigenes Verschulden zu spät in Havre eintrifft, ist seines Platzes auf dem ihm angewiesenen Schiffe verlustig. Es bleibt dann dem Accordgeber überlassen, ihm einen Platz auf einem anderen Segelschiffe anzuweisen, und hat der Passagier in diesem Fall keine Ansprüche auf Entschädigung bis zu dem für das folgende Schiff festgesetzten Segeltag. Die Folgen unrichtiger Angaben oder einer Verheimlichung ihrer Effekten und Waaren fallen ebenfalls den Eigenthümern derselben zur Last.

§. 2.

Auf den Dampfbooten, so wie auf den Eisenbahnen haben die Passagiere den dritten Platz (ohne Kost) zu beanspruchen, nur auf den See-Dampfbooten zwischen Rotterdam und Havre wird die Kost frei verabreicht.

Die Expediteure der verschiedenen Zwischenstationen sind:

in **Cöln** Herr **H. J. Maaßen & Comp.,**
in **Weißenburg** Herren **Louis & Victor Böll,**
in **Forbach** Herr
in **Straßburg** Herr **A. Ehrmann,**
in **Paris** Herr **Charles Heideloff,** Rue Faubourg St. Martin Nr. 152,

bei welchen sich die Passagiere sofort nach ihrer Ankunft zu melden und die erhaltenen Anweisungen zur Weiterbeförderung vorzuzeigen haben. In Paris werden solche am Bahnhof durch Herrn Heideloff empfangen. Die Fahrt nach Havre dauert ab Mainz oder Ludwigshafen via Weißenburg 2 Tage, ab Mainz über Cöln und Paris 2 à 3 Tage, über Rotterdam 6 à 7 Tage, und haben die Passagiere auf der Reise nach Havre für Beköstigung und Beherbergung selbst zu sorgen, wenn dies nicht laut §. 10 besonders mit accordirt ist.

§. 3.

Auf allen angeführten Routen hat jeder Erwachsene an Reisegepäck 2 Centner und jedes Kind von 1 bis   Jahren 1 Centner frei, die Fracht für das Uebergewicht wird den Auswanderern:

a. auf der Route von Mannheim, Ludwigshafen oder Mainz über Cöln nach Havre zu fl.
b. auf der Route von Mannheim, Ludwigshafen oder Mainz über Rotterdam nach Havre zu fl.
c. auf der Route von Mainz, Ludwigshafen über Forbach oder Weißenburg nach Havre zu fl.

per Center besonders berechnet.

Für die Ein- und Ausladung, so wie für die Verbringung des Gepäcks von den Eisenbahnen oder Dampfbooten, und so umgekehrt, bis an Bord des Segelschiffes in Havre hat der Passagier keinerlei Unkosten zu tragen, indem die Beförderung von der Uebernahmsstation an in den angegebenen Taxen inbegriffen ist.

Auf dem Segelschiff selbst genießen die Passagiere freien Transport ihrer Reise-Effekten bis nach New-York, New-Orleans rc. rc., insofern der Umfang nicht 20 Kubikfuß für die erwachsene Person und 10 Kubikfuß für jedes Kind von 1 bis   Jahren übersteigt. Uebersteigen die Effekten der Auswanderer den oben angegebenen Umfang, so ist für Fracht von Havre nach New-York Dollar 4 oder fl. 10, nach New-Orleans Doll.   oder fl.   per 40 Kubikfuß zu zahlen. Jedes einzelne Effekten-Colli muß mit dem Namen der Auswanderer und der Aufschrift „über Havre nach New-York" New-Orleans rc. rc. bezeichnet sein.

§. 4.

Jedem Passagier wird für die richtige Ablieferung seines Reisegepäckes in Havre garantirt, insofern er dasselbe bei dem unterzeichneten Agenten assecurirt hat, wofür eine Prämie von 1 Prozent des declarirten Werthes zu bezahlen ist. Der Auswanderer empfängt dafür eine Versicherungskarte, gegen deren Zurückgabe die versicherten Effekten ausgeliefert werden. In Ermanglung des einen oder anderen Colli's wird der in der Assecuranzkarte für das verlorene Colli angegebene Werth von den Herren Th. Mousset, C. Brown und Comp. baar ausbezahlt. — Lebensmittel und Getränke werden nicht versichert.

§. 5.

Auf Verlangen der Auswanderer werden deren Effekten für die Seereise zu dem von ihnen deklarirten Werthe gegen See- und Feuersgefahr versichert, wofür die übliche Assecuranz-Prämie entweder an den unterzeichneten Agenten oder im Seehafen besonders bezahlt und darüber eine Assecuranz-Quittung ausgefertigt wird.

Im Falle der Beschädigung oder des gänzlichen Verlustes der versicherten Effekten durch See- oder Feuersgefahr wird der deklarirte Werth durch die Herren Th. Mousset, C. Brown u. Cie. den Accordanten oder deren dazu gehörig Bevollmächtigten baar vergütet.

§. 6.

Der Accordgeber übernimmt ferner und insbesondere dem Auswanderer gegenüber, die nachfolgenden ausdrücklichen Verbindlichkeiten, nämlich:

a. Die Accordanten auf dem im Eingang dieses Vertrages bezeichneten Wege und auf die angegebene, resp. bedungene Reiseart nach Havre und von da mit dem unter der Quittung I. erwähnten Schiffe nach zu befördern.

b. Daß die Auswanderer die erforderlichen Plätze im Zwischendeck, Bettstellen, gute Kost, gutes und genügendes Trinkwasser, Holz und Licht, so wie nöthigenfalls Medicamente auf dem angewiesenen Schiffe erhalten.

c. Daß die Auswanderer freien Transport der Reise-Effecten und der zum eigenen Gebrauche bestimmten Geräthschaften genießen, oder daß bei Beschränkung des Freigepäcks das Uebergewicht nur nach festem, im §. 3 dieses Vertrages bestimmt ausgedrückten Ansatze berechnet wird.

d. Daß das bei der Ankunft in Amerika zu entrichtende Kopf- oder Spitalgeld in dem festgesetzten Ueberfahrtspreis begriffen ist, und die Auswanderer von dessen Entrichtung befreit sind.

e. Daß die Auswanderer für jeden Tag, um welchen die Beförderung von Mannheim, Mainz, Worms, Bingen oder Ludwigshafen, oder die bestimmte Abfahrt von Havre ohne ihre Schuld verzögert wird, je nach ihrer Wahl von dem Accordgeber oder von den Herren Th. Mousset, C. Brown u. Comp. in Havre entweder eine Entschädigung für Beherbergung und Beköstigung in baarem Gelde und zwar mindestens

1) bei Aufenthalt vor Erreichung des Seehafens von 42 Kreuzer täglich für die Person über 10 Jahre, und 28 Kreuzer für ein Kind von 1 bis 10 Jahren,

2) bei Aufenthalt in Rotterdam und Havre von 49 Kreuzer täglich für die Person über 10 Jahre, und von 28 Kreuzer für ein Kind von 1 bis 10 Jahren, oder aber Beherbergung und Beköstigung in Natura unverweigerlich erhalten. Diese Zusage macht der Accordgeber ohne allen Vorbehalt, mag die Verzögerung durch die Schuld des Agenten, des Rheders resp. Befrachters, oder durch Zufall — höhere Gewalt nicht ausgenommen — herbeigeführt worden sein.

Sollte das Segelschiff an der Abfahrt verhindert werden, oder demselben auf dem Meere ein Unfall begegnen, dasselbe zur Umkehr oder zum Einlaufen in einen anderen Hafen gezwungen werden — höhere Gewalt nicht ausgenommen — so sind die Schiffs-Expedienten, Herren Th. Mousset, C. Brown u. Cie. verpflichtet, die Passagiere, ohne daß sie nöthig haben, eine neue Zahlung zu leisten — sammt ihren Fahrnissen mit freier Verpflegung an den bestimmten Ort verbringen zu lassen. — Für die in der Zwischenzeit erforderliche Beherbergung und Verköstigung der Reisenden haben gleichfalls die Schiffs-Rheder Herren Th. Mousset, C. Brown u. Comp. zu sorgen und den dadurch entstehenden Aufwand zu tragen.

Der Unterzeichnete verpflichtet sich ferner, wenn über die eine oder andere Bestimmung des gegenwärtigen Vertrages Streitigkeiten zwischen den Contrahenten entstehen sollten, unter Verzichtleistung auf jede Einrede, die auf etwaige im In- oder Auslande abgeschlossene spätere Verträge begründet werden wollten, vor den hessischen Gerichten Recht zu nehmen, in so ferne solche nicht durch die Vermittlung des betreffenden Gesandten oder Consuls gütlich beigelegt, oder durch ein mit Zustimmung der Auswanderer sogleich zu berufendes Schiedsgericht, zu welchem von dem Transport-Unternehmer, den Auswanderern und dem Gesandten oder Consul je ein Mitglied zu ernennen ist, auf kürzerem Wege entschieden werden können.

§. 7.

Der gesetzlich vorgeschriebene Proviant, welcher den Passagieren während der See- Seereise und zweier Tage nach Ankunft des Schiffes am Ausschiffungsplatze auf Rechnung der Schiffsbefrachter Th. Mousset, C. Brown u. Comp. zu Havre gut zubereitet verabreicht wird, besteht für jede Person über 8 Jahren (für Kinder von 1—8 Jahren ist die Hälfte erforderlich):

für **New-York** während der Monate März bis October in: 30 Pfd. Zwieback, 70 Pfd. Kartoffeln, 10 Pfd. Mehl, 5 Pfd. Reis, 4 Pfd. trockene Gemüse, 15 Pfd. geräuchertes Fleisch, 3 Pfd. Butter, 1½ Pfd. Kaffee, 2½ Pfd. Zucker, 2 Pfd. Salz, 1 Litre Essig.

Während der Monate October bis März ist mehr nöthig: 6 Pfd. Zwieback und 70 Pfd. Kartoffeln;

für **New-Orleans** während der Monate März bis October in: 36 Pfd. Zwieback, 88 Pfd. Kartoffeln, 12 Pfd. Mehl, 8 Pfd. Reis, 8 Pfd. trockene Gemüse, 17 Pf. geräuchertes Fleisch, 3 Pfd. Butter, 2¼ Pfd. Kaffee, 3½ Pfd. Zucker, 2 Pfd. Salz, 2 Litre Essig.

Während der Monate October bis März ist mehr nöthig: 6 Pfd. Zwieback und 88 Pfd. Kartoffeln.

NB. Die Speisen werden nach den neuesten amerikanischen Anordnungen durch eigends auf den Schiffen angestellte Köche gekocht.

Die sonstigen Anschaffungen, welche für die Seereise nöthig sind, bestehen in Matratze, Kopfkissen, Teppich, Koch-, Eß-, Trink- und Waschgeschirr, Säcke und Emballage, geflochtenem Korbe und Buttertopf, und haben solche die Passagiere selbst zu besorgen, können aber deren Lieferung mit 7 fl. per Erwachsenen und fl. 3. 30 kr. per Kind bedingen.

§. 8.

Den Gesetzen des Staates **New-York** entsprechend dürfen Personen, die in folgende Klassen gehören, nicht dahin befördert werden, nämlich:

a. Blödsinnige, Geisteskranke, Blinde, Taube oder Stumme. b. Gebrechliche, Hinkende, Lahme, Verstümmelte, Buckligte, oder in irgend einem krüppelhaften Zustande sich befindende Personen. c. Frauen ohne Ehemänner, welche aber Kinder bei sich führen, oder in schwangerem Zustande sind, so wie Personen, die das 60. Lebensjahr überschritten haben und nicht von einer arbeitsfähigen Familie begleitet sind. Ferner elternlose Kinder unter 13 Jahren, ebenso ganz unbemittelte Personen, die zu ihrer Selbst-Ernährung nicht fähig sind.

Diejenigen, welche hienach wegen Gebrechlichkeit, ansteckender Krankheit und dergleichen von der Aufnahme in das Seeschiff ausgeschlossen werden müssen, erhalten, ebenso wie ihre sie begleitende Familie, Eltern oder Geschwister, falls diese mit den Zurückgewiesenen zurückkehren wollen, das nach dem §. 10 für die Ueberfahrt und Kost festgesetzte und bereits bezahlte Geld ohne Abzug zurück.

§. 9.

Bei unrichtiger Angabe des Alters für Kinder oder der Personenzahl hat der betreffende contrahirende Auswanderer den vollen Fahrpreis eines Erwachsenen für jede unrichtig angegebene Person auf derjenigen Station nachzuzahlen, wo die Unrichtigkeit entdeckt wird.

Dieser Vertrag kann einseitig weder gekündigt, noch auf andere als die darin namentlich aufgeführten Personen übertragen werden. Der Zuwiderhandelnde verliert alle darin bedungenen Rechte und Ansprüche. Gibt nach Unterzeichnung desselben der Auswanderer seine Reiseabsicht auf, so ist das bezahlte An- oder Haftgeld verloren, schließt er einen Ueberfahrtsvertrag mit einem andern Auswanderungs-Bureau ab, so ist er verpflichtet, an den Accordgeber zwei Drittheile des in §. 10 bedungenen Ueberfahrtsgeldes als Entschädigung zu bezahlen.

So geschehen, doppelt ausgefertigt, von den Contrahenten unterzeichnet, und jedem Theil ein Original-Exemplar eingehändigt. Das dem Auswanderer gegebene Exemplar muß demselben bis zur Ankunft im überseeischen Landungsplatz belassen werden, wird der Controle wegen irgendwo die Vorlage verlangt, so ist es alsbald dem Inhaber zurückzustellen.

§. 10.

Vorstehend genannte Person , welche alle Bedingungen dieses Vertrags kenn und ann verpflichte sich dagegen, baar und vor der Abreise zu bezahlen:

a. an Ueberfahrtsgeld:

für erwachsene Person . . . . à fl. ………… fl. …………

für Kind von 1 bis 10 Jahren . . . . à fl. ………… fl. …………

b. an Seeproviant:

für volle Ration . . . . à fl. ………… fl. …………

für halbe „ . . . . à fl. ………… fl. …………

c. für Beköstigung und Beherbergung:

von ………… bis zur Einschiffung:

für etwaige Person . . . . à fl. ………… fl. …………

für Kind von 1 bis 10 Jahren . . . . . . à fl. ………… fl. …………

d. für Anschaffungen:

für Beitzeug /₁ /₂ à fl. ………… fl. …………

für Koch-, Eß-, Trink- u. Waschgeschirr /₁ /₂ à fl. ………… fl. …………

zusammen . . . fl. …………

sage Gulden …………

worauf bei Abschluß der in Quittung I. bezeichnete Betrag entrichtet wurde:

………… den ………… 18

Im Namen und Auftrag des im Eingang genannten Schiffs-Befrachters

Unterschrift de Passagier :

Der concessionirte Haupt-Agent :

Für denselben:

Der concessionirte Unter-Agent:

Der gegenwärtige Vertrag wurde diesseits geprüft und mit den gesetzlichen Vorschriften übereinstimmend befunden

………… den ………… 18

Die Großherzogliche Auswanderungs-Inspection.

Quittung I.

Auf vorstehende Accordsumme als An- und Haftgeld fl. …………

sage Gulden …………

in …………

erhalten zu haben, bescheinigt.

………… den ………… 18

Die Agentur:

und wird gleichzeitig die Anmeldung und Abfahrt wie folgt festgesetzt:

die Anmeldung in ………… spätestens auf den …………

die Abreise von ………… „ „ „ …………

die Abreise von ………… „ „ „ …………

Quittung II.

Den Restbetrag zu vorstehender Accordsumme mit fl. …………

sage Gulden …………

in …………

empfangen zu haben, bescheinigt.

………… den ………… 18

Die Agentur:

und die Abfahrt von Havre nach …………

auf dem Dreimaster Segelschiff …………

Capitän ………… auf den …………

Regelmäßige Segelschiff-Beförderung

zwischen

HAMBURG, NEW-YORK, NEW-ORLEANS und AUSTRALIEN

von

August Bolten in Hamburg.

Schiffs-Vertrag für Auswanderer

№ ....

von .... nach ....

via ....

Im Namen und Auftrag des Schiffs-Befrachters Herrn **August Bolten** in Hamburg hat der Unterzeichnete, zur Beförderung von Auswanderern gehörig concessionirte Haupt-Agent **Carl Racké,** in Mainz anläßig, für welchen dessen ebenfalls concessionirter und mitunterschriebener Unter-Agent hier handelnd aufgetreten ist, mit dem .... von .... Kreis .... nachstehenden Vertrag abgeschlossen, kraft welchem Ersterer verpflichtet ist, nachbenannte Auswanderer und zwar

Fortlaufende Passagier-Nummer.	Vor- und Zunamen der Passagiere.	Wohnort.	Stand.	Alter.

bestehend in .... Erwachsenen,
in .... Kind von 1 bis 10 Jahren
und .... Säugling unter 1 Jahr
Zusammen .... Personen

laut nachfolgender Uebereinkunft und vorstehend bemerkter Reiseroute von .... nach Hamburg und von da durch Vermittlung des Herrn **August Bolten** unter nachstehenden Bedingungen nach .... zu befördern. Nämlich:

§. 1.

Vorstehend genannte Person , welche alle Bedingungen dieses Vertrages kenn und ann verpflichte sich dagegen, baar und vor der Abreise zu bezahlen:

an Ueberfahrtsgeld und Kost auf dem Meere:

für erwachsene Person . . . à fl. .... fl. ....

für Kind von 1 bis 10 Jahren à fl. .... fl. ....

zusammen . . fl.

sage Gulden ....

worauf bei Abschluß der in Quittung I. bezeichnete Betrag entrichtet wurde;

Quittung I.

Auf vorstehende Accordsumme als An- und Haftgeld fl. ....

sage Gulden ....

erhalten zu haben, bescheinigt.

.... den 18

Die Agentur.

....

und wird gleichzeitig die Anmeldung und Abfahrt wie folgt festgesetzt:

die Anmeldung in .... spätestens auf den ....

die Abreise von .... " " " ....

die Abreise von .... nach Hamburg ....

und die Abfahrt von Hamburg nach ....

auf dem Dreimaster-Segelschiffe ....

Capitän .... auf den 18

Quittung II.

Den Restbetrag zu vorstehender Accordsumme mit fl.

sage Gulden ....

empfangen zu haben, bescheinigt.

.... den 18

Die Agentur:

Die Passagiere haben sich, je nachdem die Abfahrtsstation bedungen wurde, an dem hiefür festgesetzten Tage sogleich nach ihrer Ankunft behufs ihrer Weiterbeförderung anzumelden:

in **Mainz** bei dem Haupt-Agenten **Carl Racké,**
in **Mannheim** bei
in **Ludwigshafen** bei
in **Worms** bei
in **Bingen** bei **A. Hirschmann,**
in **Frankfurt a. M.** bei
in **Cöln** bei **Maaßen & Comp.,**

§. 2.

Das Gepäck der Passagiere wird am Bahnhof oder Dampfboot der bestimmten Anmeldestation in Empfang genommen und frei nach der Abfahrtsstation befördert. Alle Kosten der Garantie und die Gebühren für freien Durchzug der Personen an der Grenze fallen dem Accordgeber zur Last, nur die durch Mitnahme von Waaren entstehenden Kosten haben die Eigenthümer zu tragen. Auf den vorgenannten Bureaux empfangen die Passagiere ihre Eisenbahn- oder Dampfboot-Billete und wird ihnen die Stunde der Abfahrt bezeichnet; wer zur festgesetzten Zeit nicht an der Abfahrtsstelle sich einfindet, hat etwa entstehende Nachtheile selbst zu tragen. Wer an dem festgesetzten Tage nicht zu gehöriger Tageszeit sich auf dem Bureau der bezeichneten, resp. bedungenen Anmeldestation einfindet, oder durch eigenes Verschulden zu spät in Hamburg eintrifft, ist seines Platzes auf dem ihm angewiesenen Schiffe verlustig. Es bleibt dann dem Accordgeber überlassen, ihm einen Platz auf einem anderen Segelschiffe anzuweisen, und hat der Passagier in diesem Fall keine Ansprüche auf Entschädigung bis zu dem für das folgende Schiff festgesetzten Segeltag, sowie die Differenz einer allenfalls erhöhten Passage des nächstfolgenden Schiffes zu bezahlen. Die Folgen unrichtiger Angaben oder einer Verheimlichung ihrer Effekten und Waaren fallen ebenfalls den Eigenthümern derselben zur Last.

§. 3.

Auf den Dampfbooten, so wie auf den Eisenbahnen haben die Passagiere den dritten Platz (ohne Kost) zu beanspruchen.

§. 4.

Jeder Erwachsene hat an Reisegepäck 1 Centner und jedes Kind von 1 bis 10 Jahren ½ Centner frei, die Fracht für das Uebergewicht wird den Auswanderern mit fl. per Centner besonders berechnet.

Für die Ein- und Ausladung, so wie für die Verbringung des Gepäcks von den Eisenbahnen oder Dampfbooten, und so umgekehrt, bis an Bord des Segelschiffes in Hamburg hat der Passagier keinerlei Unkosten zu tragen, indem die Beförderung von der Uebernahmsstation an in den angegebenen Taxen inbegriffen ist.

Auf dem Segelschiff selbst genießen die Passagiere freien Transport ihrer Reise-Effekten bis zum Bestimmungsort, insofern der Umfang nicht 20 Kubikfuß für die erwachsene Person und 10 Kubikfuß für Kinder von 1 bis 10 Jahren übersteigt. Das Uebergewicht ist mit fl. per Centner besonders zu bezahlen.

Namen-Verzeichniß
der Passagieren.

Die Passagieren haben sich bei Ihrer Ankunft zu melden:

in **Mannheim** bei Herrn
„ **Worms** . . „ „
„ **Gernsheim** „ „
„ **Mainz** . . . „ „ ***Eduard H mann.***
„ **Bingen** . . „ „
„ **Coblenz** . . „ „
„ **Cöln** . . . „ „
„ **Antwerpen** „ „ ***Adolph Strauss.***

Directe Post-Dampfschifffahrts-Linie

zwischen

Antwerpen und New-York

von

Adolph Strauss in Antwerpen.

General-Agentur
von
Eduard Humann
in
MAINZ.

Annahme-Schein №

Zur Abfahrt am ten des Dampfboots Capitain Platz Zwischendeck sind im Namen und im Auftrag des concessionirten Rhederhauses Adolph Strauß in Antwerpen durch den Unterzeichneten die nebengenannten Passagieren angenommen.

zusammen	Erwachsene	Kinder 1— Jahre	Kinder 1 Jahr
zum Ueberfahrtspreis von fl.	für 1 Erwachsenen, also für		fl.
„	„ Kind 1— Jahre, also für		„
„	„ „ unter 1 Jahr, „ „		„
			fl.

In Betreff sonstiger Bestimmungen wird auf den Prospectus des Rhederhauses verwiesen, sowie weiter bemerkt, daß die Effecten des Inhabers während der Seereise zu dem von ihm declarirten Werthe auf Verlangen gegen See- und Feuergefahr versichert werden. Auch verpflichtet sich der unterzeichnete Agent im eigenen Namen und Namen seines Vollmachtgebers, des Herrn Adolph Strauß in Antwerpen, in Beziehung auf den, mittelst gegenwärtigen Aufnahmescheins und der in dem dazu gehörigen Prospecte enthaltenen Bedingungen, abgeschlossenen Vertrag, vor den Großherzoglich Hessischen Gerichten Recht zu geben und leistet im Voraus auf Einreden, die auf etwaige spätere, im Ausland geschlossene, den Bestimmungen der Großherzoglichen Verordnung vom 25. Januar 1851 zuwiderlaufende Verträge gegründet werden möchten, Verzicht.

den ten 186

Der Agent:

Quittung über bezahltes Draufgeld fl.

Gesehen:

Mainz, den ten 186

Quittung über geleistete Restzahlung fl.

Großherzoglich Hessische Auswanderungs-Inspection.

Passage-Bedingungen.

Erste Cajüte.

Der volle Passage-Preis, ist auch für Kinder unter 10 Jahren zu zahlen, sobald für dieselben ein separates Bett beansprucht wird. — Die Beköstigung ist wie auf den Dampfschiffen Ersten Ranges.

Für gute männliche und weibliche Bedienung ist Sorge getragen.

Bettzeug und Handtücher werden nach Bedarf verabfolgt. Die Schlafkammern sind zu je zwei Personen, einige zu 4 und 6 Personen, eingerichtet. Domestiken, welche bei ihren Herrschaften in den Schlafkammern logiren, haben ihre Mahlzeiten in diesen zu halten, und dürfen den Salon nicht benutzen, sie zahlen 2/3 zwei Drittheil des Passage-Geldes.

Zweite Cajüte.

Die Passagiere erhalten vollständige Beköstigung; der Mittagstisch wird bestehen: in Suppe, frischem Braten oder Fleisch, Gemüse — Kartoffeln und Nachtisch.

Die Schlafkammern sind in der Regel für 6 Personen eingerichtet, und erhalten die Passagiere vollständige Betten, Bettwäsche und Handtücher. — Männliche und weibliche Aufwärter werden die Passagiere bedienen.

Zwischendeck.

Reichliche und nahrhafte Kost, wie es die belgischen Staats-Gesetze vorschreiben, wird verabreicht; auch täglich frisches Weißbrod. — **Für Matratzen, wollene Decken, Bettücher, Handtücher, Eß- und Trinkgeschirre haben die Passagiere selbst zu sorgen,** welche Gegenstände im Ganzen zu etwa 20 Frcs. in Antwerpen zu haben sind.

Zur Sicherung eines Platzes

auf den Dampfschiffen ist es erforderlich, als Handgeld einzuzahlen:

für die erste Cajüte . . . . 50 Thaler Preuß. Courant,
für die zweite Cajüte, sowie für das Zwischendeck 25 " " "

Nur nach Bezahlung dieses Handgeldes, welches demnächst bei Entrichtung des Passagegeldes in Abzug gebracht wird, sind Plätze als belegt zu betrachten, vorausgesetzt, daß solche beim Eintreffen der Anmeldung für die gewünschte Fahrt noch disponibel sind. Auf schriftliche Bestellung bei uns oder unseren Herren Agenten ohne Beifügung des Handgeldes werden keine Plätze reservirt.

An Reisegepäck

hat jeder erwachsene Passagier 20 Cubikfuß frei; jedes Kind von 1—10 Jahren, sowie Domestiken, die Hälfte.

Das Gepäck muß in Koffern, Kisten, Reisesäcken, die nicht über 10 Cubikfuß messen dürfen, verpackt und jedes Stück mit dem vollen Namen des Eigenthümers und des Bestimmungsortes versehen sein.

Jeder Passagier hat ein Verzeichniß des Reisegepäcks auf den an unserem Comptoir unentgeltlich zu erhaltenden Formularen einzuliefern, um nachdem das Gepäck gemessen und etwaige Ueberfracht mit 1/2 Thaler Preuß. Courant, 2 Frcs., per Cubikfuß bezahlt ist, den Uebernahmeschein in Empfang zu nehmen, indem ohne diesen Uebernahmeschein kein Stück Gepäck an Bord genommen wird.

Waaren oder Kaufmannsgüter dürfen unter keinerlei Vorwand sich unter dem Gepäck befinden. Diese müssen besonders verpackt sein und Connoissements darüber gezeichnet werden. Stellt sich bei der Untersuchung durch die Zolloffizianten in New-York dennoch heraus, daß dieser Bestimmung zuwider gehandelt ist, so haben die Eigenthümer nicht allein Confiscation der Waaren und Defraudationsstrafe zu gewärtigen, sondern sie sind außerdem, für die, dem Schiffe daraus entstehende Strafe, zum Betrage von 400 Dollars, verantwortlich. Zollfrei sind nur wirklich gebrauchte Passagier-Effecten; sämmtliche neuen Gegenstände unterliegen dem gewöhnlichen Eingangszoll, und müssen diese vor Ankunft in New-York dem Capitain angegeben werden, damit er sie im Manifeste nachfügen läßt.

Ist der Raum der Ueberfracht nicht vorher fest engagirt, so kann die Mitnahme nicht immer garantirt werden.

Die Cajütspassagiere können nur Mäntel- oder Reisesäcke bei sich behalten; alles größere Gepäck wird im Bagageraum verstaut.

Für Beschädigung, Verlust oder Folgen unvermeidlichen Aufenthalts des Gepäcks wird nicht gehaftet.

Abfahrt der Dampfschiffe.

Die Abfahrt der Dampfschiffe von Antwerpen findet prompt, sobald die rechtzeitig eingetroffenen Passagiere mit ihren Effecten sich an Bord befinden, statt, Ereignisse höherer Macht vorbehalten. Die Passagiere werden an den festgestellten Expeditionstagen an Bord des Schiffes genommen und beköstigt.

Die Passagiere haben sich zwei Tage vor der Abfahrt von Antwerpen und zwar Vormittags, hier einzufinden, und sich sofort an unser Comptoir zu melden, um den Rest des Passagegeldes zu entrichten. Wer dies versäumt, verliert sein Anrecht auf die Ueberfahrt und das eingezahlte Geld.

Sollten die Schiffe durch irgend eine unvorhergesehene Ursache verhindert werden, die Reise anzutreten, oder eine der angekündigten Fahrten ausfallen, so bleibt es dem Passagier überlassen, zu bestimmen:

1) ob er von dem geschlossenen Vertrage gegen Rückgewähr des gezahlten Hand- oder Passagegeldes ohne Entschädigungs-Anspruch zurücktreten, oder
2) ob er auf seinen Contrakt beharren will, in welchem Falle wir verpflichtet bleiben, für dessen Beförderung mit einem anderen Dampfschiffe, in welchem Plätze frei sind, zu den bereits stipulirten Bedingungen und Preisen zu sorgen, während für den dazwischen liegenden Zeitraum dem Passagier keine Entschädigung für Wohnung und Beköstigung zusteht.

Sollte irgend ein Unfall das Schiff unterwegs treffen und dadurch an der Weiterreise verhindern, so werden die Passagiere nebst ihrem Gepäck dennoch um den bedungenen Preis an den Bestimmungsort gebracht, zu welchem Ende der Betrag der Passage- und Verpflegungsgelder gesetzmäßig versichert wird.

Adolph Strauss.

Directe Post-Dampfschiffahrt

der

Hamburg-Amerikanischen Packetfahrt-Actien-Gesellschaft

zwischen

Hamburg und New-York,

Southampton anlaufend,

vermittelst der prachtvollen, auf das Solideste construirten und auf das Eleganteste eingerichteten, großen Dampfschiffe

GERMANIA	von ca. 2800 Tons	unter Commando des Capitains **Ehlers**,
SAXONIA	von ca. 2500 Tons	unter Commando des Capitains **Meier**,
BORUSSIA	von ca. 2100 Tons	unter Commando des Capitains **Schwensen**,
BAVARIA	von ca. 2400 Tons	unter Commando des Capitains **Taube**,
TEUTONIA	von ca. 2400 Tons	unter Commando des Capitains **Haack**,
ALLEMANNIA	von ca. 2800 Tons	unter Commando des Capitains **Trautmann**.

Die Expeditionen von Hamburg

finden statt an nachbenannten Daten, alle 14 Tage, Sonnabends:

7. Januar,	**1. April,**	**10. Juni,**	**19. August,**	**28. October,**
4. Februar,	**15. April,**	**24. Juni,**	**2. September,**	**11. November,**
18. Februar,	**29. April,**	**8. Juli,**	**16. September,**	**25. November,**
4. März,	**13. Mai,**	**22. Juli,**	**30. September,**	**9. December,**
18. März,	**27. Mai,**	**5. August,**	**14. October,**	**23. December,**

Passage-Preise.

Preuß. Cour. Thaler **150** in der ersten Cajüte oberer Salon,

" " " **110** in der ersten Cajüte unterer Salon,

" " " **60** im Zwischendeck.

Amerikanisches Kopfgeld haben die Passagiere nicht zu zahlen, sondern wird da, wo die Amerikanische Behörde solches beansprucht, von der Gesellschaft getragen.

Erste Cajüte oberer Salon.

Der **volle Passagepreis** ist für jede Person, Kinder nicht ausgenommen, zu entrichten, sobald ein **separates Bett** in den Cabinetten beansprucht wird.

Kinder bis zu 10 Jahren, sofern dieselben eines der zu diesem Zwecke vorhandenen Sophabetten oder zwei ein Bett benutzen, zahlen die **Hälfte des Passagepreises, Säuglinge,** sofern kein separater Platz für sie beansprucht wird, nur preuß. Crt. Thaler **3**.

Außer den Cabinetten zu zwei festen Betten sind noch einige Cabinette für 4 und 6 Personen eingerichtet. Sämmtliche Cabinette umgeben den obern Salon und sind mit gleicher Eleganz und Bequemlichkeit ausgestattet.

In vorstehenden Preisen ist inbegriffen: Vollständige Beköstigung und Bedienung, Bettzeug, Handtücher rc., kurz Alles und Jedes, mit alleinigem Ausschluß von Wein, Bier und sonstigen Getränken, wofür nach dem am Bord befindlichen Tarif separat bezahlt wird.

Die **Beköstigung** ist wie auf einem Dampfschiffe ersten Ranges erwartet werden muß, worüber das Speisereglement Näheres besagt.

Domestiken, welche bei ihren Herrschaften in den Cabinetten logiren, haben ihre Mahlzeiten in diesen zu halten und dürfen den Salon nicht benutzen; sie **zahlen zwei Drittheile des Passagegeldes.**

Erste Cajüte unterer Salon.

Kinder bis zu 10 Jahren zahlen, falls zwei ein Bett benutzen, nur die Hälfte des Passagepreises. **Säuglinge** bis zum Alter von 1 Jahr zahlen **preuß. Thlr. 3.**

In den Passagepreisen ist inbegriffen: Vollständige und angemessene Beköstigung nach näherer Angabe des Speisereglements; desgleichen Eß-, Trink- und Waschgeschirr, Matratzen, Kopfpfühl und Bettdecken, sowie Bettwäsche und Handtücher.

Die Schlafkammern, welche in der Regel für 6 Personen eingerichtet sind, umgeben sämmtlich den untern Salon, welcher zum gemeinsamen Wohnzimmer dient.

Die Bedienung ist eine vollständige.

Zwischendeck.

Kinder unter 10 Jahren zahlen die Hälfte des Passagepreises; Säuglinge bis zum Alter von 1 Jahr zahlen 3 Thlr. pr. Crt.

In den Passagegeldern ist reichliche und nahrhafte Beköstigung nach Vorschrift des Gesetzes inbegriffen, **nicht aber Betten, Bettzeug, Eß-, Trink- und Waschgeschirr.**

Alles Reisegepäck muß mit dem vollen Namen des Passagiers deutlich bezeichnet sein.

Es kann vermittelst dieser Dampfschiffe nach allen Theilen der Union, Californien inbegriffen, correspondirt werden. Porto von und nach Hamburg **4½ Sgr.** per einfachen Brief; von und nach den Staaten des deutsch-österreichischen Postvereins **6½ Sgr.** Die Briefe müssen die Bezeichnung **„per Hamburger Dampfschiff“** tragen.

Es ist ferner die Einrichtung getroffen, daß den Passagieren des Zwischendecks **täglich frisch gebackenes Weißbrod verabreicht wird.**

Das fast 8 Fuß hohe Zwischendeck ist durch Seitenfenster ausgezeichnet ventilirt und erhellt, und die Schlafstellen sind sämmtlich nur für je eine oder zwei Personen eingerichtet. Eine besondere Bedienung findet im Zwischendecke nicht Statt.

Belegung der Plätze.

Zur Sicherung eines Platzes auf den Dampfschiffen ist die Einzahlung eines Handgeldes von

Preuß. Crt. Thlr. 50 für jeden Platz in der ersten Cajüte oberer Salon,
" " " 30 " " " " " ersten Cajüte unterer Salon,
" " " 20 " " " im Zwischendeck

erforderlich, welches bei Entrichtung des vollen Passagepreises in Abzug gebracht wird. Sollte bei Empfang des Handgeldes aus dem Inlande hieselbst über die vorhandenen Plätze bereits anderweitig verfügt worden sein, so steht es auf desfallsige Benachrichtigung dem betreffenden Passagier frei, entweder durch Rücknahme des eingezahlten Handgeldes den Vertrag aufzuheben, oder denselben auf das zunächst abgehende Dampfschiff zu übertragen.

Die Agenten im Inlande sind indeß angewiesen, auf Verlangen der Passagiere und gegen Zahlung der Gebühren pr. Telegraph anzufragen, um über das Vorhandensein vacanter Plätze sofortige Gewißheit zu erlangen.

Reise-Gepäck.

An Reisegepäck hat ein jeder Passagier frei: 20 Hamburger Cubikfuß; Kinder die Hälfte.

Da der Abgang der Schiffe am bestimmten Tage stattfindet, so muß mindestens **24 Stunden vor Abgang des Schiffes** alles Gepäck **in Begleitung eines Meßzettels** zur Ablieferung an Bord bereit sein. Der Meßzettel wird von dem unterzeichneten Schiffsmakler verabfolgt, worauf das Gepäck gemessen und die etwaige Ueberfracht mit ⅔ **Thaler preuß. Cour. pr. Cubikfuß** berichtigt wird. Ist der Raum für die Ueberfracht nicht zum Voraus fest engagirt worden, so kann die Beförderung nicht garantirt werden.

Alles Gepäck muß in Koffern, Kisten oder Reisesäcken von circa 10 Cubikfuß wohl verpackt und mit dem vollen Namen des Eigenthümers und des Bestimmungsortes versehen sein.

Gelder, Werthpapiere oder sonstige werthvolle Gegenstände können versiegelt und mit dem vollständigen, deutlich geschriebenen Namen des Eigenthümers versehen, dem Capitain zur Aufbewahrung während der Fahrt eingehändigt werden, ohne weitere Gewährleistung der Gesellschaft.

Die Cajütspassagiere können **nur Mantel- oder Reisesäcke** bei sich behalten; alles größere Gepäck muß im Raume verstauet werden.

Kaufmannsgüter und versiegelte Briefe dürfen unter keinem Reisegepäck verpackt werden.

Für Beschädigung, Verlust oder Folgen unvermeidlichen Aufenthalts des Gepäcks haftet die Gesellschaft nicht.

Es wird darauf aufmerksam gemacht, daß nur wirkliche, **gebrauchte Passagier-Effecten**, als Kleidungsstücke, Hausstandsgeräthe, Betten, Wäsche, Werkzeug, Bücher 2c. **zollfrei** in New-York eingeführt werden dürfen, dagegen aber **sämmtliche neue Gegenstände** dem gewöhnlichen Eingangszoll unterworfen sind und daher vor Ankunft in New-York dem Capitain jedenfalls genau und gewissenhaft angegeben werden müssen, damit derselbe solche im Manifeste mit aufführen kann. Im Fall die Passagiere irgend falsche Angaben darüber machen oder etwas verheimlichen, setzen sie sich der Gefahr aus, daß ihre sämmtlichen Effecten **confiscirt** werden, und sind sie außerdem für die dem Schiffe daraus entstehende **Strafe** zum Betrage von 400 $ verantwortlich.

Allgemeine Bestimmungen.

Ereignisse höherer Gewalt vorbehalten, gehen die Dampfschiffe unabänderlich an den festgesetzten Tagen von hier ab und müssen die Passagiere **mindestens 48 Stunden** vorher hier eintreffen und sich unverzüglich im Bureau des unterzeichneten Schiffsmaklers, des Herrn ***August Bolten,*** der von der Direction allein zur Annahme der Passagiere befugt ist, melden. Wer dies verabsäumt, verliert sein Anrecht auf die Ueberfahrt und das eingezahlte Handgeld. Die Passagiere der ersten Cajüte unterer Salon und des Zwischendecks werden 12 Stunden vor dem bestimmten Abgangstermin an Bord befördert.

Sollten die Schiffe durch irgend eine unvorhergesehene Ursache verhindert werden, die Reise anzutreten, oder eine der angekündigten Fahrten ausfallen, so wird das etwa schon in Empfang genommene Hand- oder Passagegeld zurückbezahlt und erlischt damit jeder Anspruch der Passagiere auf Beförderung.

Der **am Bord** befindliche **promovirte Arzt** ist verpflichtet, Jedermann, der am Bord des Schiffes erkrankt, Beistand zu leisten und darf dafür oder für die gereichten Medicamente keine Vergütung fordern. — Personen jedoch, welche krank an Bord kommen, haben sowohl den Arzt zu honoriren als auch die empfangenen Medicamente zu bezahlen.

Spirituöse Getränke darf Niemand mit sich bringen, jedoch sind solche zu den tarifmäßigen billigen Preisen für Jedermann an Bord zu kaufen.

Für die **Mitnahme eines Hundes** sind preuß. Crt. Thlr. 30 zu entrichten.

Im Uebrigen verweiset die Direction auf ihren allgemeinen Prospectus und auf die in demselben enthaltenen detaillirten Bestimmungen und Anleitungen.

Hamburg, 1. Januar 1865.

Die Direction der Hamburg-Amerikanischen Packetfahrt-Actien-Gesellschaft.

Adolph Godeffroy. H. J. Merck & Co. Johs. Schuback & Söhne. Albrecht & Dill. C. Woermann.

In Gemäßheit der ihm von der Direction der Hamburg-Amerikanischen Packetfahrt-Actien-Gesellschaft ertheilten Befugniß ist nachstehend Unterzeichneter, sowie die von ihm im Inlande angestellten Agenten, allein bevollmächtigt, Ueberfahrtsverträge auf Grund obiger Bestimmungen abzuschließen und bereit, auf portofreie, an ihn gerichtete Anfragen wegen Fracht und Passage jeder Zeit nähere Auskunft zu ertheilen.

August Bolten, Wm. Miller's Nachfolger,
Admiralitätstraße No. 37.

Zusatz zu Zeile 6 der allgemeinen Bestimmungen, nach „Beförderung":

„es seie denn, daß der Passagier auf seinem Contrakt beharren will, oder daß er einwilligt, anstatt per Steamer mit einem Segelschiffe zu reisen. Im ersten Fall ist die unterzeichnete Gesellschaft verpflichtet, für dessen Beförderung mit einem der nächsten Dampfer ihrer Linie zu den bereits stipulirten Bedingungen und Preisen zu sorgen, während für den dazwischen liegenden Zeitraum dem Passagiere keine Entschädigung für Wohnung und Beköstigung zusteht. Im andern Falle soll das bereits gezahlte Angeld dem Passagiere gutgerechnet werden und derjenige Ueberfahrtspreis in Anwendung kommen, welcher zur Zeit für Segelschiffe besteht. Da aber alsdann der Passagier den Bedingungen des Reglements für Segelschiffe unterliegt, so wird ihm bis zum nächsten Abgange eines Segelschiffes sowohl Beköstigung als Wohnung, oder eine zu vereinbarende Entschädigung von der Gesellschaft geleistet. Sollte irgend ein Unfall das Schiff unterwegs ereilen und dadurch an der Weiterreise verhindern, so werden die Passagiere nebst ihrem Gepäck dennoch um den bedungenen Preis an den Bestimmungsort gebracht, zu welchem [illegible]

Norddeutscher Lloyd.

Directe deutsche Post-Dampfschifffahrts-Gesellschaft

in

Bremen.

General-Agentur für das Großherzogthum Hessen

von

Ed. Humann in Mainz.

Ausgefertigt von

der .... **Agentur** in ....

Der gegenwärtige Vertrag wurde von dem Unterzeichneten geprüft und mit der gesetzlichen Vorschrift übereinstimmend befunden

am ......ten 18

D Großherzoglich Hessische

Gesehen

.... den ......ten 18

Großherzogliche Auswanderungs-Inspection.

In Bremen haben die Passagiere sich am Comtoir des Norddeutschen Lloyd, Papenstraße 6, anzumelden.

Schiffs-Contract №

zur Ueberfahrt von **Bremen** nach

mit Post-Dampfschiff des Norddeutschen Lloyd

am ten 187

Im Auftrage und Namens der Direction des Norddeutschen Lloyd beurkundet Unterzeichneter hierdurch, daß die nachbenannten Personen unter den umstehenden Ueberfahrts-Bedingungen und unter Beachtung der gesetzlichen Bestimmungen zur Beförderung mit dem obigen Post-Dampfschiffe angenommen und daß denselben die bedungenen Plätze in gesichert sind:

Verbleibt im Besitz der Passagiere.

No.	Vor- und Zuname	Alter	Stand	Wohnort im Kreise	Zahl			Preis von Bremen	
					Erwachsene	Kinder von 1 bis 10 J.	Kinder unter 1 Jahr	Mark	Pfg.
1.									
2.									
3.									
4.									
5.									
6.									
7.									
8.									
9.									
10.									
				zusammen					

darauf empfangen ....

in Worten

bleibt mithin an den Norddeutschen Lloyd in Bremen vor der Abfahrt noch zu zahlen ....

in Worten

In Betreff sonstiger Bestimmungen wird auf die Bedingungen der Gesellschaft verwiesen, so wie weiter bemerkt, daß die Effecten des Inhaber während der Seereise zu dem von ihm zu declarirenden Werthe auf Verlangen gegen See- und Feuer-Gefahr versichert werden. Auch verpflichtet sich der Agent in eigenem Namen und Namens seiner Vollmachtgeber in **Bremen,** in Beziehung auf den, mittelst gegenwärtigen Annahmescheins und der in dem dazu gehörigen Prospect enthaltenen Bedingungen, abgeschlossenen Vertrag, vor den Großherzoglichen Gerichten Recht zu geben und leistet im Voraus auf Einreden, die auf etwaige spätere, im Auslande geschlossene, den Bestimmungen der Großherzoglichen Verordnung vom 25 Januar 1851 zuwiderlaufende Verträge gegründet werden möchten, Verzicht

den ten 187

Der General-Agent

und im Namen desselben der concessionirte Unter-Agent

(Unterschrift des Passagiers.)

Die gemeinsame Auswanderung ganzer Dörfer

Ein eigenartiges Phänomen, das gerade in unserer Region ausgeprägt zu beobachten ist, bildet die geschlossene Abwanderung ganzer Dörfer oder doch großer Teile der Ortsbevölkerung. Zuvor aber soll noch kurz ein Geschehen dieser Jahre gestreift werden, das in der Öffentlichkeit kein großes Aufsehen erregt haben dürfte, aber Folgewirkungen zeigte: die gemeinschaftliche Abwanderung der Sekte der Inspirierten. Die in die Grafschaft Ysenburg eingewanderten Separatisten, Abweichler von den etablierten protestantischen Kirchen, hatten hier 1714 in der „Gemeinschaft der wahren Inspiration" eine feste Form angenommen, deren symbolhafter und auch realer Mittelpunkt die Ronneburg wurde.[29] Nach dem Tod ihres letzten „Propheten" Johann Friedrich Rock am 2. März 1749 in der Burg Gelnhausen hatte sich die Inspirationsgabe verloren und es war um die Gemeinschaft ruhig geworden. Als „Stille im Lande" lebten einzelne weiterhin in bestimmten Dörfern wie Lieblos oder Himbach oder auch in Büdingen, formal in das reformierte Kirchenwesen integriert, wo sie nur durch Ablehnung bestimmter Formen auffielen, so wenn eine Beerdigung „sang und klanglos" stattfand. Doch als ab 1816 in vielen der deutschen Bundesstaaten eine neue „Erweckungsbewegung" entstand, traten auch wieder „Werkzeuge" auf, die religiöse Zirkel um sich scharten. In der Zeit der politischen Restauration wurde diese Entwicklung argwöhnisch beobachtet. Viele der „Erweckten" wandten sich daraufhin wieder in die alten Kerngebiete, das Ysenburger Land und die Wetterau, die nun zum Großherzogtum Hessen gehörten.[30] So wich die Schwarzenauer Gemeinde bei Berleburg im ehemals Sayn-Wittgensteiner Land vor den Pressionen der

[29] Simon, (Friedrich), Die Inspirirten im Isenburgischen, in: Archiv für hessische Geschichte 9, 1861, S. 385-435; Schneider, Hans; Schneider, Ulf-Michael, Propheten der Goethezeit. Sprache, Literatur und Wirkung der Inspirierten. Göttingen 1995.

[30] Zum Folgenden die Einleitung von Klaus-Peter Decker zum Verzeichnis des Depositums „Sammlung Mörschel". Büdingen 1981. Die Sammlung von Druckwerken der Inspirierten, aber auch von Auswanderer-Literatur, ist heute im Stadtarchiv Büdingen zugänglich.

nunmehr preußischen Behörden dorthin aus und pachtete 1826 einen Teil des leer stehenden Schlosses Marienborn. Zwei Jahre später ließen sich Inspirierte aus Baden, der Pfalz oder dem Elsaß auf dem seit über 70 Jahren verlassenen Herrnhaag nieder. Als sich eine eigene Pachtung der Ronneburg zerschlug, zogen andere Familien in das nun dem Grafen von Solms-Laubach gehörige Kloster Arnsburg und in das ebenfalls aufgelöste Kloster Engelthal, das den Grafen Leiningen zugesprochen worden war.

Die in einem engen geistlichen Kontakt stehenden Bewohner lebten vorwiegend von der Weberei und Strumpfwirkerei. Doch die Massierung hatte schließlich restriktive Maßnahmen der Darmstädter Regierung zur Folge. 1833 kam es durch die Weigerung der Inspirierten, die im Jahr zuvor erlassene Schulgesetzgebung in ihren pädagogischen Einrichtungen anzuwenden, zu einem Konflikt, der sich seit 1838 durch Widerstand gegen die Eidesleistung verschärfte. Die Regierung sperrte sich daraufhin dagegen, noch mehr „Ausländer" in diese Gemeinden aufzunehmen.

Das führte auch innerhalb der Gemeinschaft zu Spannungen, so dass sich 1842 der Gedanke eines geschlossenen Abzugs nach Amerika verdichtete. Nach mehreren Versammlungen fiel die Entscheidung schließlich bei einem „Liebesmahl" in Arnsburg am 27./28. August 1842. Am 5. September traten Christian Metz (1794-1867), „Werkzeug" und geistlicher Führer, und drei Gefährten eine Erkundungsreise nach Nordamerika an. Auf ein günstig erscheinendes Angebot hin kauften sie 1843 von der Ogden-Compagnie 5000 Acres Siedlungsland bei der Stadt Buffalo im Staat New York. Metz nannte den Ort nach einem Bibelwort „Eben Ezer" („Bis hierher half uns Gott").[31] Aber mit den hier entstehenden drei Dörfern hatten sie keine ideale Bleibe gefunden, waren wohl schlicht auch hereingelegt worden. Denn es handelte sich um ein ehemaliges Indianer-Reservat mit besitzrechtlichen Unklarheiten, auch war das Gebiet zu klein für die Siedler, die nun in rascher Folge aus den deutschen

[31] „Eben Ezer" eigentlich „Stein der Hilfe", bei dessen Setzung Samuel sagte: „Bis hierher half uns Gott", 1. Buch Samuel 7, 12.

Gemeinden eintrafen. Die Anfangsjahre waren zudem durch Krankheiten und Seuchen überschattet.

Da der Boden in der Umgebung ständig teurer wurde, entschloss man sich im Jahre 1854 die Wohnsitze zu verlegen und nach Westen zu ziehen. Nach zunächst enttäuschenden Erkundungsreisen konnte 1855 ein größerer Landkomplex mit Wiesen und guten Ackerböden am Flusse Iowa erworben werden. Der neue Platz erhielt den Namen „Amana" („Bleib treu").

Der Wegzug von etwa 1300 Personen aus Eben Ezer vollzog sich nach und nach in geordneten Etappen, um das Land gewinnbringend verkaufen zu können. In Iowa entstanden in der Folge die „Amana Colonies", mit 7 Dörfern (Amana, East Amana, Middle Amana, High Amana, West Amana, South Amana und Homestead). Gemäß den Gesetzen des Staates Iowa gab sich die „Amana Society" 1859 die Rechtsform einer Korporation. Alle volljährigen Mitglieder unterzeichneten eine Konstitution, die 1860 in Kraft trat.[32] Geistliche und weltliche Gemeinde waren praktisch identisch. Als oberstes Organ der „Society" fungierte der jährlich zu wählende „Große Bruderrat", der wiederum aus seiner Mitte Präsident, Vizepräsident und Sekretär bestimmt. Schon in Eben-Ezer war festgelegt worden, dass es mit Ausnahme von Kleidung und Hausrat nur Gemeineigentum geben sollte. Das System gemeinsamen Wirtschaftens und Konsumierens, mit Produktionsplanung und Arbeitseinteilung, Gemeinschaftsküchen und gleichem Kredit im „Village Store" bewährte sich jedoch nur eine Zeitlang und musste endgültig nach der wirtschaftlichen Depression in den 20er Jahren des vergangenen Jahrhunderts zugunsten flexiblerer Organisationsformen aufgegeben werden. Dennoch zählen die Amana Colonies zu den immer wieder genannten Beispielen des amerikanischen „Communalism", einer spezifischen Form der Gemeindebildung in den USA.[33]

[32] Aus der zahlreichen Literatur sei nur verwiesen auf den Überblick bei Diane L. Barthel, Amana. From Pietist Sect to American Community. Lincoln, Neb. 1984.

[33] Vgl. Jonathan G. Andelson, Communalism and Change in the Amana Society 1855-1932. Diss, Univ. of Michigan 1974, sowie weitere Arbeiten dieses Autors.

Doch nun zurück nach Hessen in die Anfänge des 19. Jahrhunderts. Neben die schon geschilderte Agrarkrise mit Ernteausfällen auf dem Getreidesektor, verstärkt vor allem durch die Kartoffelfäule, die Hungersnöte zur Folge hatte, traten gesellschaftliche Veränderungen, die gerade in agrarischen Gunstlagen zu beobachten sind. So bildete sich auch in der sprichwörtlich „fruchtbaren Wetterau" im 19. Jahrhundert eine dörfliche Zweiklassengesellschaft heraus, in welcher der Adel mit seinem Großgrundbesitz mehr und mehr dominierte. Die Wetterau war immer eine Adelslandschaft gewesen, aber bis zum Ende des Alten Reichs herrschten nicht die großen Güter vor, das Agrarsystem war komplizierter geartet. Der Adel trat hier zwar als Gerichtsherr, bisweilen auch als Landesherr auf, weniger aber als Gutsherr, also als eigenständiger agrarischer Unternehmer.[34]

Es gab zwar eine Vielzahl stark gestreuter und durchmischter Grundherrschaften des Adels wie auch geistlicher Institutionen, Klöster und Stifte, aber weitgehend in Formen eines Pachtsystems, das es kleineren Bauern ermöglichte, zum eigenen schmalen Besitz Ländereien hinzu zu pachten und damit ihre wirtschaftliche Grundlage zu verbessern. Diese Struktur wurde nun mehr und mehr abgelöst durch die Entstehung großer agrarischer Wirtschaftseinheiten, als Eigenbetriebe oder geschlossene Pachthöfe.

Dies wird am Beispiel von Lindheim einsichtig.[35] Hier bestand ein altadeliges Hofgut, das sich schließlich im Besitz der Freifrau Maria von Venningen befand, dessen Ackerland aber zum größten Teil an Bauern aus Lindheim und Enzheim verpachtet war. 1844 trennte die adelige Dame das Wirtschaftsgut von ihrem Schlossbezirk ab und verkaufte 1850 die 1250 Morgen Land an einen der Standesherren in der Nachbarschaft, den

34 Peter Fleck, Agrarreformen in Hessen-Darmstadt. Agrarverfassung, Reformdiskussion und Grundlastenablösung (1770-1860). Darmstadt und Marburg 1982, S. 111.

35 Ich folge hier Karl E. Demandt, Leopold von Sacher-Masoch und sein Oberhessischer Volksbildungsverein zwischen Schwarzen, Roten und Antisemiten, in: Hess. Jb. für Landesgeschichte 18, 1968, S. 160-208.

Grafen Heinrich zu Stolberg-Wernigerode (1772-1854) in Gedern. Dieser ließ das Gut in Erbpacht durch den Landwirt Richard Westernacher verwalten, dessen Nachfahren seit langem Eigentümer des Guts sind, das durch sein Storchennest weithin bekannt ist. Die Folge aber war ein sozialer Umbruch in der Umgebung, da nun zahlreichen Kleinbauern die Existenzgrundlage geschmälert war. Daraufhin setzte eine starke Auswanderungswelle ein, vor allem aus dem Dorf Enzheim mit seiner viel zu kleinen Gemarkung. Aus den hier lebenden 26 Familien mit 164 Köpfen wanderten im Jahre 1855 92 Personen ab. Die hoch verschuldete Gemeinde gab ihre Selbstverwaltung auf und kaufte sich mit den verbliebenen Ortsbürgern sozusagen in Lindheim ein.[36]

Auch im Falle von Pferdsbach und Wernings wurden die Gemarkungen durch standesherrliche Fideikommisse erworben, und damit die Auswanderung erst finanzierbar. Wie aber kamen die noch Ausgangs des 18. Jahrhunderts notorisch verschuldeten Adelshäuser nunmehr an derartige flüssige Mittel? Das ist einmal vor dem Hintergrund der Umbrüche in der napoleonischen Zeit zu sehen, wodurch mancher Schuldschein nie eingelöst werden musste, zumindest nicht mehr einklagbar war.[37] Hinzu kommt ein anderer Vorgang. Denn durch die staatlicherseits forciert betriebene Agrarreform, die Ablösung der gemeindlichen Grundlasten und Dienstbarkeiten wurden erhebliche Geldmittel in die Kassen der nunmehrigen Standesherren gespült, das waren die im Rheinbund und anschließend durch den hessischen Großherzog mediatisierten vormaligen Kleinsouveräne, und auch Teile des in der Wetterau verbreiteten grundbesitzenden

[36] Karl Hofmann, Der 1. November 1855, ein Wendepunkt in der Geschichte Enzheims, in: Heimat-Blätter für den Kreis Büdingen 18, 1955, Heft 7, S. 1-19.

[37] Auch zuvor schon hatten Reichsdebitkommissionen in vielen Fällen zu einer Sanierung der Finanz- und Schuldenverhältnisse beigetragen, vgl. Jürgen Ackermann: Verschuldung, Reichsdebitverwaltung, Mediatisierung. Eine Studie zu den Finanzproblemen der mindermächtigen Stände im Alten Reich. Das Beispiel der Grafschaft Ysenburg-Büdingen 1687-1806. Marburg 2002.

Adels profitierten davon. Die liquiden Mittel suchte diese Gruppe meist wieder in Grund und Boden anzulegen, kaum dagegen in industriellen Beteiligungen, zumindest im Großherzogtum Hessen. So wurden nun zahlreiche Fideikommisse, also gebundenes Familienvermögen, neu gebildet oder vergrößert, diese Institutionen wurden erst durch Art. 155 der Weimarer Verfassung von 1919 aufgelöst. Bei der Grundlastenablösung im Zuge der so genannten „Bauernbefreiung" waren die Landleute in den standesherrlichen Gebieten häufig stärker belastet, da sie auch noch grundherrliche Dienste, wie Fronden, in Geld abzulösen hatten. Dafür mussten sich die betreffenden Gemeinden oft langfristig verschulden, um das Ablösekapital aufzubringen, wenngleich zu günstigen Konditionen, da das Programm ja von staatlicher Seite gefördert wurde.[38]

Im Gegensatz zu den sich abschließenden Landgütern des grundbesitzenden Adels galt in den Bauernfamilien Oberhessens weiterhin das Realteilungsprinzip, wonach im Erbfall gleiche Anteile an die berechtigten Nachkommen gingen, was häufig zu extremer Flurzersplitterung führte, so dass die Ackernahrung für die Familien nicht mehr ausreichte.

So kam es gerade in unserer Region zu dem Phänomen, dass ganze Dörfer oder doch große Teile der Einwohnerschaft gemeinsam auswandern wollten. Durch den Verkauf der Gemarkungen und Hofstätten waren diese Vorhaben überhaupt erst zu finanzieren. In einigen Fällen diente das überschüssige Kapital dann auch der gemeinschaftlichen Ansiedlung und dem dafür erforderlichen Landerwerb.

In anderen Fällen wurde die Abwanderung sogar aus der Gemeindekasse finanziert, um die Ortsarmen loszuwerden und damit künftige Unterstützungsgelder einzusparen. Das war der Fall in dem ausgedehnten Ort Groß-Zimmern bei Darmstadt, wo im Jahre 1846 auf Kosten der Gemeinde 672 Personen nach Amerika transportiert wurden. Ihnen schlossen sich weitere

[38] Dies ist allerdings sehr differenziert zu betrachten, in Hessen waren die Leistungen öfters schon in Frongelder umgewandelt, vgl. Fleck (wie Anm. 34).

Personen an, die ihre Reisekosten selbst trugen, so dass zwischen 750 und 800 Personen auf fünf Schiffe verteilt von Liverpool aus nach New York gebracht wurden.[39] Im Grunde handelte es sich um eine Abschiebeaktion, denn in den Vereinigten Staaten fielen viele der mittellosen Immigranten zunächst den Armenbehörden zur Last. Das Geschehen wurde in der amerikanischen und deutschen Presse heftig diskutiert. In einer Eingabe von New Yorker Bürgern an den Kongress wurde ausdrücklich auf die hessischen Vorgänge hingewiesen, und auch die Erste Kammer des Darmstädter Landtags griff das Thema auf. *„The Groß-Zimmern Affair"* gab schließlich den Anstoß zu den Verbesserungen in einem neuen Passage-Gesetz, das der Kongress 1847 erließ und dem in Hessen-Darmstadt das „Gesetz zur Regulierung der Passagierüberfahrt auf Handelsschiffen" aus demselben Jahr entsprach.

[39] Manfred Göbel, *„... Dass die Ausgabe durch Ersparung der Unterstützung aufgewogen werden könne"*. Die Massenauswanderung aus Groß-Zimmern 1846, in: Archiv für hessische Geschichte NF 57, 1999, S. 99-152.

Wernings

Schon einige Jahre vor diesen Ereignissen war es in unserem Raum zu einem Vorgang gekommen, der weites Aufsehen erregte: die Auflösung der Gemeinde Wernings und der geschlossene Abzug ihrer Bewohner.[40] Der bei dem Städtchen Wenings gelegene kleine Ort wird 1322 erstmals urkundlich erwähnt und wurde 1357 aus dem Besitz der Klosterzelle Petersberg bei Fulda von Heinrich von Ysenburg gekauft. Seit demselben Jahr ist dort eine Marienkapelle bezeugt. Während des Dreißigjährigen Krieges war das Dorf völlig verlassen worden und wurde erst seit 1686 von Wenings aus wieder neu besiedelt, und zwar durch die Familie des mit Kindern reich gesegneten Gottfried Ströder. Vier von dessen Söhnen nahmen dort das Land wieder unter den Pflug, bis 1710 kam nur noch eine Familie Weitzel hinzu, doch die Zahl der Bewohner stieg dann im Verlaufe des 18. Jahrhunderts stetig an. 1830 wohnten in 25 Häusern 147 Personen. Dreizehn Haushalte waren bäuerliche Betriebe, daneben gab es 7 Handwerker und 5 Tagelöhner.[41]

Schon 1824 waren zwei Familien nach Brasilien ausgewandert,[42] seitdem wuchs die Neigung, die Gemeinde aufzulösen und geschlossen abzuziehen. Die Gründe sind symptomatisch. Zwar war man in die Weningser Mark einberechtigt, doch genügten die Ernteerträge wegen der Dreifelderwirtschaft nicht, um die sich häufenden Hungerjahre zu überstehen. Die Gemeinde und die meisten der Ortsbürger waren verschuldet. Zu den Steuerlasten kamen noch die als ungerecht empfundenen Leistungen an den Standesherrn, hier den Birsteiner Fürsten, wie Frongelder, Schnitthämmelabgabe, zwangsweise Pferchnutzung für den

40 Karl Heusohn, Ausgegangene Orte. Wernings, in: Heimatblätter für den Kreis Büdingen, 2, 1929, Nr. 12, S. 45-47; 3, 1930, r. 1, S. 3 f.; Nr. 2, S. 5-7.; Hans Velten Heuson, Ein hessisches Dorf wandert aus. Vor 125 Jahren wurde die Gemeinde Wernings aufgelöst, in: Heimat im Bild (Gießen) Nr. 19, Juli 1967

41 Karl Esselborn, Ein Gedicht über die Auswanderung der Werningser, in: Heimatblätter für den Kreis Büdingen 6, 1933 Nr. 1, S. 4

42 Konrad Gerhard und Konrad Blum, K. Heusohn, Wernings S. 5, dort auch zum Folgenden.

Schafbestand oder das herrschaftliche Wirtschafts- und Brennereimonopol.

Anfang des Jahres 1840 kamen alle Bewohner von Wernings im Wirtshaus zusammen und setzten unter Anleitung des Lehrers Wilhelm Reifschneider[43] ein Gesuch um Abzugserlaubnis an die Darmstädter Regierung auf, woraufhin das Büdinger Kreisamt mit der weiteren Durchführung beauftragt wurde.[44] Es war nicht nur eine genaue Schuldenregulierung nötig, es musste auch ein Käufer für das Land gefunden werden. Zeitweise war der Vorschlag im Gespräch, die Einwohner des Dorfes Herchenhain, die unter noch größeren Ernteausfällen litten, nach hier umzusiedeln, aber daraus wurde nichts. Fürst Wolfgang Ernst (III.) in Birstein, selbst in finanziellen Nöten, denn in Kurhessen war die Grundlastenablösung noch nicht spruchreif, zeigte kein Interesse. Der ursprüngliche Ansatz von 194.880 Gulden für den Wald, die Nutzflächen und 27 Hofreiten musste erheblich reduziert werden. Mit Vertrag vom 29. Januar 1841 wurde das gemeindliche und gesamte private Grundvermögen schließlich für 110.000 Gulden an eine Immobilien-Erwerbsgesellschaft in Gießen veräußert, hinter der als Käufer Graf Otto von Solms-Laubach (1799-1872) stand.

Nach der vorgeschriebenen „Edictal-Ladung“ und der an längere Fristen gebundenen Schuldenregulierung erfolgte am 30. August 1842 die Entlassung der Bewohner aus dem hessischen Untertanenverband. Als Vertrauensperson für die Verhandlungen mit der Reederei und die finanzielle Abwicklung der Überfahrt hatte man in dem Büdinger Kreissekretär Schaaf den richtigen Mann gefunden, der dafür den nötigen Urlaub erhielt. Aus der schwierigen Abwicklung seien nur einige finanzielle Details herausgegriffen. Nach Abzug der Vorschüsse, von denen die Leute einstweilen leben mussten, hatte der Laubacher Graf noch etwa 55.680 Gulden zu zahlen, während sich in der Gemeindekasse

43 Reifschneider stammte aus Wolferborn und war seit 1827 Verwalter der Schulstelle bei 80 Gulden Jahreslohn, 1836 unterrichtete er 39 Schüler; Otfried Praetorius, Hess. Lehrerbuch IV: Souveränitätslande und acquirierte Gebiete (Hassia Sacra XII). Darmstadt 1951, S. 269.

44 Akten dazu FA Bir 13315

nur noch ganze 14 Gulden und 49 Kreuzer befanden. Am 10. September wurden 29.142 Gulden an ein Frankfurter Bankhaus überwiesen. Da ein bargeldloser Transfer durch Wechsel nach Bremen nicht funktionierte, musste das Geld in Fässer gepackt und mit der Post nach Bremen befördert werden. Für die Sendung im Gewicht von 636 ½ Pfund waren rund 236 Gulden an Gebühr zu zahlen.[45] Nach einigen vergeblichen Anläufen fand Schaaf in Bremen schließlich ein gerade aus Rio de Janeiro gekommenes schwedisches Schiff, die „Mimer", dessen Kapitän bereit war, die Auswanderer nach New Orleans zu befördern. Am 19. September 1842, in relativ später Jahreszeit also, verließen die Werningser ihr Dorf. Der spätere Schriftsteller und Pfarrer Wilhelm Baur (1826-1897) wurde als wandernder Student zufällig Zeuge des Geschehens und hat in seinen „Lebenserinnerungen" davon berichtet: von Gedern kommend *„trat uns die wirtschaftliche Not des Vogelsberges in einem eigentümlich ergreifenden Bilde vor die Augen. Als wir von der Höhe nach Wenings herabstiegen, hörten wir links Musik und sahen einen Volkshaufen hinter ihr herziehen. Es waren die Bewohner des Dörfleins Wernings ... Die hatten Haus und Hof, Acker und Vieh verkauft und nahmen vor dem Abzug nach Amerika Abschied von ihrem Pfarrer".*[46]

Der Zug ging zunächst bis Herbstein und dann mit Wagen über Lauterbach bis Nienburg an die Weser, wo eine Umladung auf Boote erfolgte. 118 Erwachsene, darunter ein Greis von 89 Jahren, und 38 Kinder und Säuglinge, der jüngste nicht einmal zwei Monate alt, kamen nach zehn Tagen in Bremen an. Widriges Wetter verzögerte das Auslaufen aus Bremerhaven, erst am 8. Oktober konnte die „Mimer" in See stechen. Nach einer Fahrt von 49 Tagen kam sie am 2. Dezember 1842 in New Orleans an. Die Werningser reisten den Mississippi hinauf weiter und nahmen im Fort St. Louis Winterquartier. Im folgenden Jahr ließen sich die Siedler im Staate Illinois, vornehmlich am Fluss Columbia,

[45] Karl Heusohn, Wernings, S. 5 f.

[46] Wilhelm Baur, Lebenserinnerungen. Hg. von Karl Esselborn (Hessische Volksbücher 10/11) Darmstadt 1911, S. 174 f.

nieder. Die heutige Verschwisterung Gederns mit der Kleinstadt Columbia/Illinois geht auf dieses Geschehen zurück.

Auch aus dem benachbarten Wenings suchten 60 Personen geschlossen abzuwandern. Sie beauftragten einen Makler, Käufer für ihre Habe zu finden und ein Teil des Gemeindewalds wurde für das Unternehmen geopfert, das aber schließlich von der großherzoglichen Regierung in Darmstadt nicht genehmigt wurde.[47]

Pferdsbach

Bekannt geworden ist vor allem die Auflösung und Abwanderung des kleinen Dorfes Pferdsbach. Wie bei Wernings liegt auch hier eine gründliche Untersuchung von Karl Heuson vor, auf die sich alle späteren Autoren stützen.[48] Das Geschehen ist aber auch in die wissenschaftliche Literatur eingegangen,[49] es wurden Staats- und Magisterarbeiten darüber geschrieben,[50] ein Fernsehfilm gedreht, der auch als Videokassette erhältlich ist,[51] schließlich von Sven Teschke ein ausführlicher Wikipedia-Artikel im Internet gestaltet.[52]

47 Festbuch 1225 Jahre Gedern. Gedern 2006, S. 123.

48 Karl Heusohn, Ausgegangene Orte: Pferdsbach, in: Heimatblätter für den Kreis Büdingen 2, 1929, Nr. 9-11. Der aus Wenings gebürtige Heuson (1868-1953) war damals Lehrer in Lorbach.

49 Helmut Schmahl, Verpflanzt, aber nicht entwurzelt: Die Auswanderung aus Hessen-Darmstadt (Provinz Rheinhessen) nach Wisconsin im 19. Jahrhundert. Frankfurt/M 2000, S. 275.

50 Gundula Neumann, Zwei zeitlich differenzierte Wüstungsvorgänge in Hessen, dargestellt an den Ortsbeispielen Wernings (Vogelsberg), Pferdsbach (Büdinger Wald) und Stahnhain (Taunus). Wiss. Hausarbeit im Fach Geographie. Gießen 1986. – Berit Böhm, Hessische Emigration in die USA im 19. Jahrhunderts. Die Auswanderung der Dorfgemeinschaften Wernings, Pferdsbach und Niederfischbach. Magisterarbeit im Fach Amerikanische Kulturgeschichte an der Ludwig-Maximilians-Universität. München 1989.

51 Der Untergang von Pferdsbach. Geschichte einer Auswanderung. CD/DVD Film Medienzentrale Hessen, 1987.

52 http://de.wikipedia.org/wiki/Pferdsbach, in die Liste der „lesenswerten Artikel" aufgenommen. Autor: Sven Teschke, Büdingen, mit einer Bilddatei.

Im November 1845 erschien Bürgermeister Albrecht beim Kreisrat Dr. Spamer in Büdingen und gab die Absicht zur geschlossenen Auswanderung bekannt. Der Ort besaß 186 Einwohner in 46 Haushalten. Die Gemarkung war mit rund 1000 Morgen zwar relativ groß, doch gehörte die Hälfte davon zum Fürstlich-Ysenburgischen Christinenhof. Dort arbeitete auch ein Teil der Pferdsbacher im Tagelohn, andere als Waldarbeiter. Wegen dieser Abhängigkeit wurden kaum Entschädigungsforderungen gegen die hohen Wildschäden laut, denn der herrschaftliche Wald umgab einen Großteil der Gemarkung und der Wildbestand war hoch, da der Christinenhof dem Büdinger Fürsten als bevorzugter Jagdsitz diente. Als Ursache für die Auswanderungslust werden hier aber auch Nachrichten von dem seit 1842 in Kalifornien ausbrechenden „Goldfieber" genannt. Im Unterschied zu Wernings waren die Pferdsbacher arm, jedoch kaum verschuldet, deswegen, weil ihnen niemand etwas leiht, wie es, durchaus ernst gemeint, hieß. Die Behörde ging auf das Gesuch ein und leitete die Taxation der Güter in die Wege. Wegen der Organisation des Abzugs holte man Erkundigungen beim Mainzer Büro des „Texasvereins" ein, der 1842 aus Kreisen des Adels gegründet worden war und auf den noch einzugehen ist. Die aus Mainz eintreffenden positiven Signale wurden aber getrübt durch Gerüchte von einem Krieg um Texas, das sich 1836 von Mexiko abgespalten hatte.

Es kam den Plänen entgegen, dass der Büdinger Standesherr, der seit 1840 als Ernst Casimir I. den hessischen Fürstentitel führte, am Erwerb des Landes interessiert war, um es dem Christinenhof zuzuschlagen. Schwierigkeiten ergaben sich, als plötzlich doch 19 Haushalte mit 67 Personen bleiben wollten, bis sich diese schließlich zwar nicht zum gemeinsamen Abzug, aber doch zur Verlegung ihrer Wohnsitze bereitfanden. Ende 1846 kam ein Vertrag zustande. Der Kaufpreis war von ursprünglich 88.725 Gulden sogar auf 95.000 Gulden angehoben worden, da der Wald besser taxiert wurde. Führend beteiligt an den Vorbereitungen war wiederum der Schulmeister, Heinrich Reutzel, der erst seit 1842 hier wirkte und mit abwanderte. DenTransport organisierte die Agentur Dr. Strecker in Mainz über den Unteragenten Lehning in Büdingen.

Am 28. März 1847 brachen die auswanderungswilligen Pferdsbacher auf. Von Hanau aus ging es auf dem Schiff nach Mainz, dann den Rhein hinab in Etappen per Schiff und Eisenbahn bis Antwerpen. Der Transport über den Atlantik erfolgte mit zwei Schiffen: der „Albert", die am 3. Juni, und dem „Morgenstern", der am 12. Juni 1847 in New York einlief. Unter den Passagieren fanden sich auch einige Auswanderer, die sich den Pferdsbachern aus anderen Orten um Büdingen angeschlossen hatten. Mit Unterstützung des hessischen Konsuls in New York wurden die Emigranten mit der Eisenbahn nach Pittsburgh/Pennsylvanien befördert, wo sich die meisten in der Umgebung als Farmer ansiedelten.

Die Anwesen der Auswanderer wurden durch die Fürstliche Rentkammer auf Abbruch verkauft. Fünf Familien waren in ärmlichsten Verhältnissen in dem rechtlich nicht mehr existenten Dorf geblieben, auch sie zogen nach und nach fort oder verstarben. Das letzte kleine Haus der Familie Jeck wurde 1906 niedergelegt, nur eine Scheune, die als Transformatorenstation diente, blieb bis vor wenigen Jahren erhalten. Heute erinnern an den Ort Pferdsbach nur noch eine Gedenktafel und der Platz des Friedhofs, dessen Gräber abgeräumt sind.[53]

[53] Vgl. das von Dr. Thomas Dittrich gestaltete Faltblatt des VHC Büdingen: Büdinger Wanderwege 6. Rundweg Sandhof-Pferdsbach (Büdingen 2010).

Pferdsbach vor 1900
Quelle: wikipedia.org

Brunnen von Pferdsbach vor 1900
Quelle: wikipedia.org

Auf dem Fest der Pennsylvanien-Deutschen (Pennsylvania Dutch Day) in Hershey im Bezirk Dauphin County in Pennsylvanien, arbeiten Farmerfrauen an einer Steppdecke.
Bild: HICO, E & CR Division, Informations Centers Branch, Operation Office 112 Zeil, Frankfurt/Main

Geburtsurkunde eines Pennsylvanien-Deutschen vom 09. April 1779, in Northampton in Pennsylvanien angefertigt.
Bild: siehe oben.

Der Fall Michelau

Pferdsbach war nicht der einzige Problemfall. Im Hungerjahr 1846 gingen aus zahlreichen Orten Gesuche zum Abzug größerer Gruppen bei den Behörden ein, so zum Beispiel aus Leisenwald oder Kefenrod.[54] Als Beispiel für ein schon relativ weit gediehenes Projekt, das aber schließlich scheiterte, kann das Dörfchen Michelau gelten, das mit Wolferborn als Gemeinde verbunden war und heute einen eigenständigen Stadtteil Büdingens bildet. Dabei wird näher auf das soziale Umfeld eingegangen. Nicht alle Unterlagen konnten eingesehen werden, es finden sich dazu noch Akten des Kreisamtes und des Amtsgerichts Büdingen im hessischen Staatsarchiv Darmstadt.[55] Ausgewertet wurden vor allem Meldungen und öffentliche Bekanntmachungen im offiziellen „Anzeigeblatt für Stadt und Kreis Büdingen".[56]

Der Gedanke an diesen Ausweg aus der akuten Notlage kam auch in Michelau vermutlich schon 1845 auf. Treibende Kraft war hier eher der Ortsvorsteher Kirchner als der Schullehrer Philipp Jakob Obenauer,[57] der erst 1845 auf die Höhe kam und hier auch keinen Grundbesitz hatte.

Zu den üblichen Ursachen, Armut, zu kleine Gemarkung und Besitzzersplitterung durch Realteilung, trat hier noch eine besondere kommunalpolitische Entwicklung. „Die Michelau", wie sie noch heute heißt, galt über Jahrhunderte als Filialdorf von Wolferborn und hatte mit ihm eine politische Gemeinde gebildet. Mit der Aufteilung des Rheinbundfürstentums Isenburg 1816 als Folge des Wiener Kongresses war die alte Zusammengehörigkeit willkürlich zerrissen worden. Auch zuvor schon war das alte Gericht Wolferborn unter den Isenburger Linien geteilt gewesen: Wolferborn selbst gehörte mit Michelau zu Ysenburg-Wächtersbach,

[54] Vgl. FA Büd RA XIV, Nr. 11-13.

[55] Abt G 15 Kreis Büdingen. Einzelne Gemeinden 3: Michelau 1845-1852; G 28 Amtsgericht Büdingen, Nachlaßsachen F 224-228, nach: Quellen zur Auswanderer-Forschung im hessischen Staatsarchiv Darmstadt. Darmstadt 1984, S. 22, 34.

[56] Hinzu kommt eine Akte im FA Büd RA 3.V.23.c.w. Nr. 20.

[57] Geb. 1823 in Nieder-Flörsheim, 1845 Verwalter der Schulstelle Michelau, bis zur Pensionierung 1875. Vgl. Praetorius, Lehrerbuch, wie Anm. 43, S. 273.

während die Orte Bindsachsen, Hitzkirchen und Kefenrod an Isenburg-Birstein und Rinderbügen nach Büdingen kamen. Nach 1816 aber verlief eine regelrechte Landesgrenze mitten durch den alten Gemeindeverband. Wolferborn kam an das Kurfürstentum Hessen(-Kassel) und gehörte zum Kreis Gelnhausen, Michelau dagegen war Teil des Großherzogtums Hessen(-Darmstadt). Seine isolierte Stellung zeigte sich daran, dass der Ort zunächst zum entfernten Amt Assenheim geschlagen wurde und erst durch die Neugliederung der Jahre 1821/22 zum Landratsbezirk Büdingen kam.[58] Kirchlich gehörte Michelau weiter zur Pfarrei Wolferborn und war hier auch an der Pfarrerbesoldung und der Baulast für die Kirche beteiligt.

Nach dem Beispiel anderer Orte wollten auch die Michelauer solidarisch und geschlossen auswandern, denn für die meisten der Einwohner waren die Kosten der Überfahrt und erst recht des späteren Landerwerbs nicht aufzubringen. Also sollte die Gemeinde aufgelöst, der Gemeindebesitz verkauft und nach Köpfen verteilt werden. Bevor ein entsprechendes Gesuch an die Behörden Aussicht auf Erfolg hatte, musste eine genaue Beschreibung und Bewertung der Immobilien erfolgen. Mit dieser Aufgabe wurde ein Kammerrat Weber betraut; vermutlich handelt es sich um Georg Leonhard Weber, früherer Gräflich-Ysenburgischer Kammerrat in Assenheim, der seit 1841 in Büdingen seinen Ruhestand verbrachte und zum Kreis der interessierten Honoratioren um Dr. Georg Thudichum gehört.[59] Der von ihm unter Mitwirkung des Ökonomen Westernacher (vermutlich aus Lindheim) erstellten „Landwirtschaftlichen Beschreibung“ lassen sich eine Reihe statistischer Details entnehmen. Nach dem Stand von 1844 umfasste die Gemeinde Michelau 243 Einwohner in 56 Familien, überwiegend dem reformierten Bekenntnis angehörend, nur 2 Lutheraner und 1 Katholik sind darunter, Juden erscheinen nicht. Die Mehrzahl

58 Karl Dielmann, Wie der Kreis Büdingen entstand, in: Der Kreis Büdingen. Wesen und Werden. Büdingen 1956, S. 11 ff.

59 Hinweise bei Ottilie Weber-Thudichum, Geheimer Justizrat Dr. jur. Hermann Weber. Ein Lebensbild. Darmstadt 1912.

waren Bauern, aber auch 12 Tagelöhner, 11 Dienstboten, 5 Handwerksgesellen beziehungsweise Lehrjungen werden genannt. Beim Viehbestand wird die Armut des Dorfes sichtbar: es gab zwar 73 Kühe und 28 Rinder der Vogelsberger Rasse, aber nur ein einziges Pferd. Hinzu kommen 80 Schweine, 54 Schafe und 11 Ziegen, nicht viel, wenn man sie auf die Haushalte umlegt. Unter Einschluss des Waldbesitzes umfasste die Gemarkung 752 Normalmorgen, bestand aber aus 2974 Parzellen, woraus die enorme Zersplitterung sichtbar wird.[60] Die größten Eigentümer besaßen 37 und 34 Morgen Land, zwanzig Haushalte mussten sich mit einem bis drei Morgen Ackernahrung bescheiden.

In dem Bericht werden die hohe, ungeschützte Lage des Ortes und das raue Klima hervorgehoben, der Frost begann hier Mitte November und endete Mitte März. Als Fruchtfolge bestand noch die Dreifelderwirtschaft, allerdings nicht mehr in reiner Form, denn auf dem Brachfeld wurden Kartoffeln angebaut. Im Sommerfeld wuchsen neben Getreide auch Hülsenfrüchte, ferner Sommerraps, Hanf und Flachs. Um das Dorf herum gab es viel Obstwachstum, gezählt wurden 1182 Bäume, davon 299 Apfel-, 297 Birnen- und 670 Zwetschgenbäume. Das Obst geriet recht gut, insbesondere *„einige rauhere Sorten von Birnen"*, es bestand sogar eine gemeindliche *„Baumschule"*. Der anderswo, etwa in Büdingen, noch verbreitete Wein gedieh hier nicht, auch Gartengewächse wurden nur *„nach Nothdurft"* gezogen. Da die Erlöse aus der Landwirtschaft nicht ausreichten – Überschüsse gab es nur bei Kartoffeln, Butter, Eiern und Obst – lebten die meisten Einwohner vom Tagelohn, wobei männliche Taglöhner 20 Kreuzer, Frauen 18 Kreuzer verdienten. Der Bericht endete mit der knappen Feststellung: *„Wohlstand ist wenig vorhanden"*.

Allerdings war der Wert der Immobilien nicht ganz unbeträchtlich. Die Güter, sprich Äcker und Wiesen, umfassten 460 (Lokal-)Morgen, die mit 57.892 Gulden bewertet wurden. Der Wert des Gemeindewaldes von 337 Morgen wurde auf 85.710 Gulden taxiert, eingeschlossen das „Entschädigungsholz", das die Gemeinden Büdingen und Haingründau als Ausgleich zu

[60] Eine Parzelle wird hier zu 101 Klafter gerechnet

liefern hatten. Für die 41 Wohnhäuser mit Neben- und Wirtschaftsgebäuden wurden 29.220 Gulden angesetzt. In seiner Berechnung vom 29. Dezember 1847 kam der Taxator C. Flach somit auf eine Gesamtsumme von 172.822 Gulden, also etwas weniger als bei Wernings. Dafür galt es nun, solvente Käufer zu finden, am besten einen einzigen. Fürst Ernst Casimir zu Ysenburg in Büdingen hatte gerade die Grundstücke und Gebäude von Pferdsbach erworben, er scheint nicht interessiert gewesen zu sein, zumal sich am Ort kein herrschaftlicher Hof befand.[61] Ende 1846 nahm man über den Kammerrat Weber Fühlung mit der Gräflich Ysenburgischen Rentkammer in Wächtersbach auf, denn der Wächtersbacher Graf besaß in Wolferborn ein größeres Hofgut – der heutige Reiterhof Rapp. Aber auch dort ging man auf die *„vorgeschlagene Aquisition“* nicht ein. Ein einziges Gebot lag vor, ein Gießener „Polizeirat“ wollte für das Ganze 120.000 Gulden zahlen, aber darauf ließen sich die Michelauer nicht ein.

Am 20. August 1847 legte eine eigene Kommission aus den Michelauer Bürgern Joh. Röder, Ludwig Lampmann und Peter Sauer nochmals in zehn Artikeln genaue *„Verkaufsbedingungen über das gesamte Grundvermögen in Michelau“* vor. Darin sind auch die verästelten Details der dörflichen Verpflichtungen aufgeführt, etwa der Besoldungsanteil für Förster und Unterförster oder ein „Mantelgeld“ von jährlich 2 Gulden und 30 Kreuzern für den Wolferborner Pfarrer. Das gesamte Immobiliarvermögen, eingeschlossen die vielen Obstbäume, wurde hier mit 195.000 Gulden bewertet. Eine Kopie leitete man dem Kammersekretär Melior in Büdingen zu, aber der Büdinger Fürst winkte sogleich ab.

Die Angelegenheit zog sich also in die Länge. Dabei war von der Großherzoglichen Behörde schon am 13. Mai 1847 grundsätzlich die Erlaubnis erteilt worden, den Gemeindeverband aufzulösen, das Vermögen aufzuteilen und auszuwandern. Zugleich wurden die Einwohner aber *„zur Verhütung leichtsinnigen Schuldenmachens“* einem Kurator unterstellt, in Person des

[61] Möglicherweise dachte man in Büdingen schon an den Kauf der Herrschaft Ramholz bei Schlüchtern von den Grafen Degenfeld-Schonburg, der 1852 für 170.000 Gulden erfolgte.

Büdinger Kaufmanns Karl Lehning Junior, über den sämtliche Rechtsgeschäfte mit Michelauer Bürgern abzuwickeln waren. In der üblichen Form wurde möglichen Gläubigern durch das Büdinger Landgericht öffentlich bekannt gegeben, ihre Forderungen an Gemeindemitglieder binnen vier Wochen bei dem Kurator geltend zu machen.[62] Wir treffen dabei wieder auf Erscheinungen, wie sie auch in Pferdsbach und andernorts zu beobachten sind: es standen sofort irgendwelche Geschäftemacher bereit, um auf die Nachricht von der erteilten Auswanderungserlaubnis und unter Bezug auf das zu verteilende Gemeindevermögen hin den Menschen auf Pump Waren und sonstiges zu liefern. Schon am 20. März 1847 hatte Kreisrat Dr. Spamer derartige Praktiken mit der Begründung untersagt, *„die unglückliche Lage der Einwohner der Gemeinde Michelau nicht noch mehr zu vergrößern“*.[63]

Auch mit ihren Treuhändern hatte die Gemeinde offenbar kein Glück. Karl Lehning, einer der Büdinger Auswanderungsagenten, wird bald nicht mehr erwähnt – er scheint selbst ausgewandert zu sein. Manch einer aus dem Büdinger Land hat damals die Gelegenheit ergriffen und wegen seiner Schulden oder aus sonstigen Gründen das Weite gesucht. Dazu gehört der Büdinger Bürgermeister dieser Jahre, Friedrich Wilhelm Jeckel, der an anderer Stelle noch erwähnt wird. Fünf Jahre später, am 19. Mai 1852 erschien noch einmal eine Anzeige, wonach vom Gemeinderat und einer Auswanderungskommission ein neuer Kurator bestellt worden war, Ludwig Treut II. aus Büdingen. Dieser rief am 29. Juni 1852 wieder zu einer Anmeldung der Forderung an Privatschuldner auf und warnte vor *„leichtsinnigem Borgen an Einwohner der Gemeinde Michelau“*.[64]

Treut war nicht unumstritten, denn am 15. Juli 1852 verwahrten sich zehn Bürger und der Lehrer Obenauer in einer scharfen Erklärung im Anzeigeblatt dagegen, dass er ihre Interessen vertrete; sie wollten nur einen *„von uns freiwillig gewählten,*

[62] Bekanntmachung vom 13.5.1847, Anzeigeblatt Nr. 22 vom 29.5.1847,

[63] Anzeigeblatt Nr. 13, 1847.

[64] Anzeigeblatt Nidda/Büdingen Nr. 22, 29.5.1852, S. 156

von Verwaltungsbehörde und Gericht bestätigten Curator" akzeptieren. Im Laufe der langwierigen und immer aussichtsloser werdenden Affäre kam es dann wohl in der Gemeinde zu starken Spannungen, wahrscheinlich mit ein Grund dafür, dass aus der Auflösung des Dorfes und der gemeinsamen Auswanderung der Michelauer nichts geworden ist. Heute fühlen sich gerade die Bewohner des hochgelegenen, kleinsten Büdinger Stadtteils an dieser Stätte ausgesprochen wohl.

Anzufügen wäre noch die vergleichbare prekäre Situation des Dorfes Haingründau mit Armut und Überbevölkerung. Pfarrer Thylmann aus Büdingen richtete hier 1847 eine Speiseanstalt für 51 bedürftige Kinder ein. 1852 wanderten 120 Bewohner aus, wobei die Gemeinde die Kosten von mehr als 20.000 Gulden für die Ausstattung und Verschiffung nach Baltimore trug. Von 708 Einwohnern 1852 ging die Zahl bis auf 510 im Jahre 1854 zurück.[65] Eine genauere Untersuchung des Geschehens steht hier noch aus.

Der Texasverein

Im Jahre 1839 erschien im Verlag der Hellerschen Hofbuchdruckerei in Büdingen ein Büchlein, betitelt: *„Anregung zur Gründung einer deutschen Colonie in Amerika…"*. Der Autor dieser „frühen Kolonialpropaganda", Dr. August Seitz, war ein Sohn des Kreisrates Seitz in Nidda.[66] Ihm schwebte eine militärisch straff organisierte Kolonie unter dem Protektorat des preußischen Königs vor, gelenkt von einem „Colonialrat" der deutschen Zollvereinsstaaten und verwaltet durch einen Gouverneur und seine Behörden. Sie sollte sogar durch den

[65] Gustav Schöner, Geschichte des Dorfes Hain-Gründau, 1891, S. 41. Bis 1890 stieg die Zahl der Bewohner wieder auf 583 an. – Zu ähnlichen Vorgängen in Niedermittlau, wo 67 Bewohner abzogen: Otto Betz, Die Massenauswanderung des Jahres 1847 nach Amerika, in: Gelnhäuser Heimat-Jahrbuch 1992, S. 80-84.

[66] Eckhart G. Franz, Deutschland braucht Kolonien ... in Texas? Frühe Kolonialpropaganda aus Büdingen, in: Büdinger Geschichtsblätter 15, 1995/96, S. 335-339.

Aufbau einer eigenen Marine unmittelbar mit dem Mutterland verbunden werden. Als ideales Gebiet schwebte ihm dafür Texas mit seiner Küste vor. Die angloamerikanischen Siedler von Texas hatten sich 1836 von Mexiko gelöst, waren aber den „United Staates“ noch nicht angeschlossen, Texas galt als „Freistaat“. Der Gedanke, dort von Deutschland aus direkt mit staatlicher Hilfe eine Art Kolonie zu gründen, lag damals in der Luft.

1842 kamen drei adelige Offiziere aus der Bundesfestung Mainz zusammen (ihr Dienst ließ ihnen offenbar Muße genug), die Grafen Josef von Boos-Waldeck, Christian von Neu-Leiningen und Karl von Castell, und entwickelten ein Projekt, durch das sie, wie sie nicht eben unbescheiden meinten, einmal *„der Weltgeschichte angehören“* könnten.[67] Aus einem von Graf Leiningen entworfenen „Memoire“ gehen die hochgespannten Ziele und Erwartungen, aber auch die Motive eines Siedlungsprojekts hervor, das von einem Adelsverein initiiert und getragen werden sollte. Mit der Förderung der Auswanderung sollte nicht nur den Emigranten selbst geholfen, sondern der Überbevölkerung und sozialen Not entgegengewirkt werden, *„Verbesserung des Zustandes der arbeitenden Klasse ohne Arbeit“*, hieß es in den Statuten. Dabei sollte der Adel als traditionelle Führungsklasse die entscheidende Rolle übernehmen. Auch ein nationales Argument wurde gebracht: Die Gründung geschlossener deutscher Ansiedlungen, durchaus im Stil von Kolonien, sollte wieder auf die Volkswirtschaft der deutschen Staaten zurückwirken, durch Handelsaustausch sollten für die Produkte aus der Heimat neue Absatzmärkte gewonnen werden. Aber uneigennützig war das Unternehmen keineswegs: der Verein wollte die Ländereien in

[67] Zu Folgendem: Winfried Schüler, Auswanderung als Geschäft? Herzog Adolf von Nassau und der Adelsverein zum Schutz deutscher Einwanderer in Texas, in: Nassauische Annalen 105, 1994, S. 161-178. Vgl. auch Hartmut Heinemann, „Wo der Stern im blauen Felde eine neue Welt verkündet“. Die Auswanderung der Vierziger aus Darmstadt nach Texas im Jahre 1847 und ihre kommunistische Kolonie Bettina, in: Archiv für hessische Geschichte NF 52, 1994, S. 283-352; Harald Winkel, Der Texasverein – ein Beitrag zur Geschichte der deutschen Auswanderung im 19. Jahrhundert, in: Vierteljahresschrift für Sozial- und Wirtschaftsgeschichte 55, 1968, S. 348-372.

Texas selbst erwerben, sie verteilen, und durch die zu erwartenden Wertsteigerungen seinen Mitgliedern auch hohe Renditen sichern.

Am 20. April 1842 wurde in Schloss Biebrich der „Verein zum Schutze deutscher Einwanderer in Texas“ gegründet, kurz „Texasverein“ genannt. Die 25 Mitglieder kamen, bis auf einen Bankier, alle aus dem Adel, von souveränen Fürsten über Standesherren bis zu Grafenhäusern; als Protektor trat Herzog Adolf von Nassau auf. Wie in einer Aktiengesellschaft wurden Einlagen gezeichnet, zunächst über 200.000 Gulden, bald wurde mehr gebraucht. Aber schon beim Landerwerb gab es große Schwierigkeiten. Den „Grant“, ein zusammenhängendes Siedlungsareal von 12.000 qkm, das der Verein über einen privaten Mittelsmann erwarb, lag mehr als 300 km Luftlinie von der Küste entfernt, ein Distrikt, den die kriegerischen Comanchen als ihre Jagdgründe betrachteten. Der Erwerb war von der texanischen Regierung an die Auflage gebunden, bis zum März 1846 2000 Familien als Siedler einzubringen, das Projekt stand also unter Zeitdruck.

Am 1. Juli 1844 traf Prinz Karl von Solms-Braunfels als Kommissar im Hafen von Galveston ein. Er erwarb in Indianapoint einen Landeplatz, den er Carlshafen nannte, gründete im Mai 1845 am Guadeloupefluss die Stadt Neu-Braunfels und später eine weitere Siedlung, Friedrichsburg, als Etappen auf dem schwierigen Weg ins Innere. Während hier die Ansiedlung von 500 Kolonisten, die um die Jahreswende 1844/45 von Bremen aus auf drei Schiffen ankamen, noch gelang, endete der große Folgetransport in einem Fiasko. Zahlreiche Interessenten aus den deutschen Staaten hatten sich gemeldet, ab August 1845 gingen aus Bremen und Antwerpen 28 Schiffe ab, die 4110 Auswanderer an Bord hatten. Nach der Ankunft aber gelang es nicht, die für den langen Transport benötigten Pferde und Wagen zu beschaffen. Texas plante den Anschluss an die Vereinigten Staaten, und in Vorbereitung auf den zu erwartenden Krieg mit Mexiko wurden sämtliche Fuhrwerke konfisziert. Die Kolonisten blieben in Notquartieren liegen, die Preise für Nahrungsmittel stiegen, Starkregen setzten ein. Eine Seuche brach aus, die viele

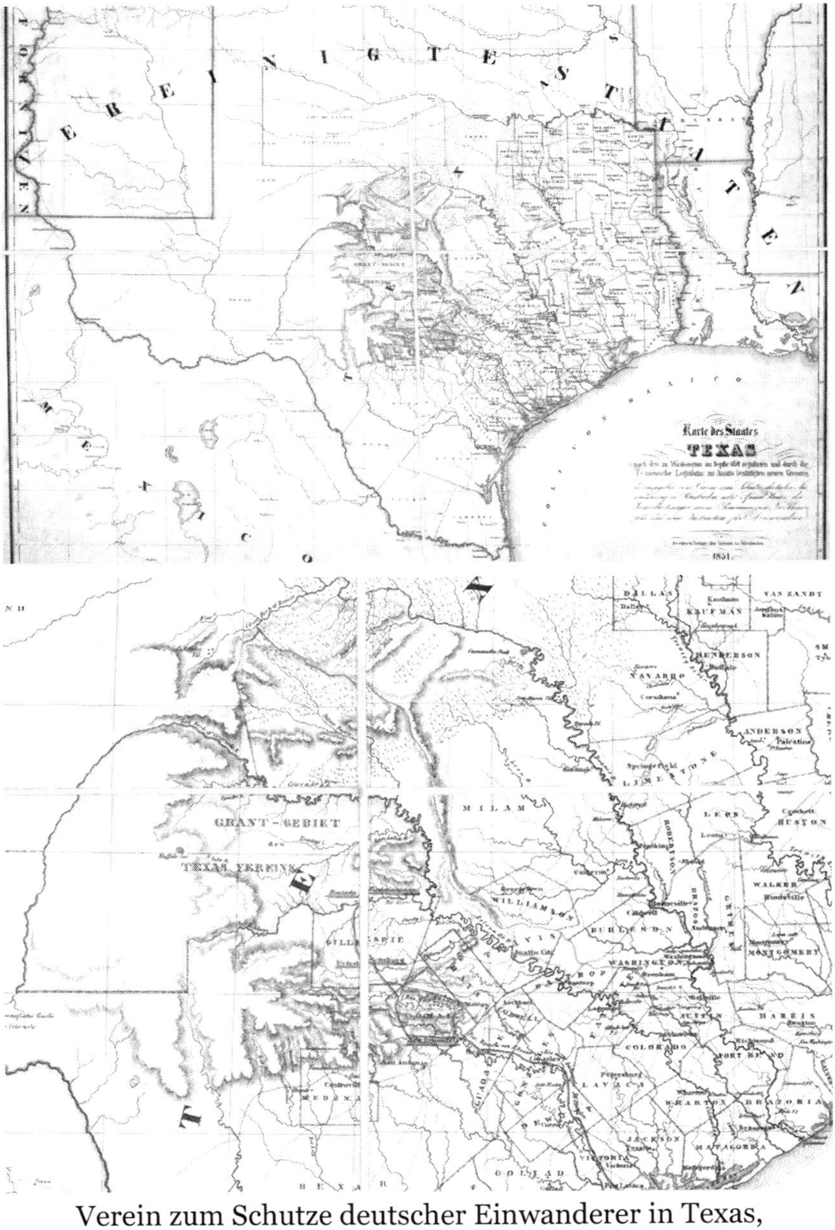

Verein zum Schutze deutscher Einwanderer in Texas,
Karte des Gebietes. Quelle: http://theborderandbeyond.com/

VEREIN

zum Schutze Deutscher Einwanderer in Texas

gegründet im Jahre 1843

ACTIE No. 13.

über Fünf Tausend Gulden des 24½ Gulden Fußes.

Das Comité

N.B. Alle Actien des Vereins lauten auf die Namen der Besitzer, und können nur nach erfolgter Genehmigung der Direction auf andere Namen übertragen werden.

Eingeschrieben im Archiv des Vereins, Wiesbaden, den 1846.

Verein zum Schutze deutscher Einwanderer in Texas
Gründeraktie Nr. 13 über 5.000 Gulden

dahin raffte. Die verbliebenen Einwanderer gelangten schließlich bis Friedrichsburg, der Grant am Oberlauf des Colorado wurde überhaupt erst zugänglich, nachdem man im Mai 1847 mit den Indianern einen Friedensvertrag schloss.

Obwohl sich später doch noch Erfolge einstellten, war für den Texasverein das Unternehmen schnell zu einer finanziellen Katastrophe geworden. Die öffentliche Reputation war dahin. Die Schäden konnten nur begrenzt werden durch die Bewilligung neuer Mittel und durch einen Vorschuss von 200.000 Gulden, den der Herzog von Nassau aus seiner Domänenkasse gewährte, um die Insolvenz abzuwenden. Hauptzweck des Vereins blieb fernerhin nur noch, den Schuldenberg der Mitglieder langsam wieder abzutragen. Auch nachdem der Verein sich im Oktober 1861 aufgelöst hatte, war das Problem noch nicht gelöst, die langfristigen Auswirkungen waren auch im Ysenburger Grafenhaus zu spüren. Hier hatte sich vor allem Graf Carl in Meerholz bei dem risikoreichen Unternehmen engagiert und die Meerholzische Rentkammer hatte noch bis 1886 die Zinsen abzutragen, die man sich mit den durch das Fiasko entstandenen Schulden aufgehalst hatte.[68]

Neben den gesteuerten und gemeinschaftlich organisierten Formen der Migration wird die individuelle Auswanderung aus unterschiedlichsten Motiven meist wenig beachtet. Gemeinsam ist auch hier das Ziel: die Hoffnung, ja die feste Erwartung, sich die Chancen in der Neuen Welt, dem sprichwörtlichen Land der unbegrenzten Möglichkeiten, nicht entgehen zu lassen.

So gaben etwa kleine Unternehmer in Wirtschaftszweigen, die Opfer des technischen Fortschritts und der beginnenden industriellen Revolution wurden, ihre Betriebe in der alten Heimat auf, um einen neuen Anfang zu wagen. Ein Beispiel ist Johann Ludwig Karl Reichard, der 1841 Erbbeständer der Papiermühle im Gettenbacher Tal wurde. Lange Zeit hatte dieser Betrieb auf soliden Füßen gestanden, nun wurde der Konkurrenzdruck übermächtig. Die kleinen Papiermühlen mussten aufgeben,

[68] FA Büd Meerholzer Akten, Abt. XVI, Fasz. 87/20: Verein deutscher Fürsten und Edelleute zum Schutze der Auswanderung nach Texas, 1847-1886.

wenn sie finanziell nicht in der Lage waren, auf die neuen Maschinen umzustellen. Das galt auch für Gettenbach in seiner abseitigen Lage, und so entschlossen sich Reinhard und sein Schwager aus der alten Papiermacherfamilie Katz nach Amerika auszuwandern. Offensichtlich hatten sie dort Erfolg, denn Katz konnte sich 1860 eine Reise von Pittsburgh nach Offenbach zur Taufe einer Nichte leisten.[69] Recht persönliche Gründe finden sich bei dem 1811 in Büdingen geborenen Friedrich Wilhelm Jeckel, einem „Hobbypoeten", der durch einige Gedichtsammlungen von sich reden machte. Jeckel, der eine Tochter des Schwanenwirts Eckert geheiratet hatte und 1842 Bürgermeister seiner Heimatstadt geworden war, sah sich nach einer Affäre mit einer jungen Lehrerin an der 1846 eingerichteten Kleinkinderschule im Sommer 1847 genötigt, „der Leidenschaft folgend und die Pflicht vergessend", wie es in einem biographischen Essay heißt, mit seiner Geliebten nach Amerika zu entschwinden, wo sich ihre Spur verliert.[70]

Interessante Sonderformen der Auswanderung sollen nur kurz angedeutet werden, auch weil sie das Büdinger Land weniger betreffen. Dazu zählt etwa die politisch motivierte Emigration vieler enttäuschter Anhänger der Revolution von 1848.[71] Zu ihnen kann man vielleicht den aus Straßburg stammenden Johannes Gambs rechnen, Lehrer der französischen Sprache am Büdinger Gymnasium. Wegen seines Eintretens für die Republik wurde er im Juli 1849 aus seinem Amt entlassen und zeitweise inhaftiert. Er wich zunächst nach Frankfurt aus und ging dann in die USA, wo er ab 1857 als Lehrer in New York wirkte, als Pensionär aber wieder nach Frankfurt und Darmstadt zurückkehrte.[72]

[69] Robert Große-Stoltenberg, Papiermühlen im Büdinger Land, in: Kreis Büdingen. Wesen und Werden. Büdingen 1956, S. 369-382, hier S. 381.

[70] Karl Esselborn, Jeckel, Friedrich Wilhelm, Schriftsteller, in: Hessische Biographien I, Darmstadt 1912, S. 127 f.

[71] Manfred Köhler, „Für die Freiheit aller, für die Einheit des Vaterlandes". Hessische Achtundvierziger in den USA, in: AHG NF 57, 1999, S. 55-98.

[72] Volkmar Stein, Büdingen. Ein Versuch zur Geschichte der Stadt. Büdingen 2011, S. 292 f.

Eine beklemmende Seite zeigt sich bei den „Hurdy-Gurdy-Girls“, Drehleier-Mädchen, die oft aus Dörfern der nördlichen Wetterau um Butzbach, etwa Ostheim oder Nieder-Weisel kamen. Sie wurden in größerer Zahl als Musikantinnen und Tänzerinnen nach Kalifornien gelockt, mit Methoden, die fatal an aktuellen „Mädchenhandel“ zum Zwecke der Prostitution erinnern.[73] Dieses Phänomen hängt aber auch mit der älteren Wetterauer Landgängerei zusammen, vor allem dem Handel mit Fliegenwedeln, die in den Taunusdörfern um Espa hergestellt und durch Wanderhändler und ihre Begleiterinnen bis nach England vertrieben wurden. Das Musikinstrumenten-Museum in Lißberg widmet den hessischen Drehleier-Mädchen eine interessante, nachdenklich machende Dokumentation.[74]

Die Auswanderung ging das ganze 19. Jahrhundert hindurch weiter, auch nach neuen Zielen wie Australien und Neuseeland.[75] Sie verlief jedoch zunehmend in geordneten Formen, wurde fast schon zu einem Stück Normalität, wie man den Berichten und Anzeigen der lokalen Presse entnehmen kann. Häufig holten jetzt Einwanderer, die es zu etwas gebracht hatten, ihre Verwandten nach, bezahlten die Überfahrt oder hielten bereits Arbeitsstellen für sie bereit. Mit der zunehmenden Industrialisierung, der Entstehung großer wirtschaftlicher Ballungsräume an der Ruhr, in Sachsen oder in Schlesien, nahm die Binnenwanderung im Verhältnis zur Emigration nach Übersee zu, da hier immer mehr Arbeitskräfte gebraucht wurden. Das galt mit Verspätung auch für das Rhein-Main-Gebiet. Für den Vogelsbergraum brachten jedoch erst die bis 1910 entstehenden Nebenbahnen der Hauptstrecke Gießen-Gelnhausen oder die Vogelsberger Südbahn nach Wächtersbach mit der Anbindung der Höhenregionen die Möglichkeit, zumindest wöchentlich als Maurer, Pflasterer oder Erdarbeiter dorthin einzupendeln.

73 Vgl. Werner Wagner, Zwei Brüder wollten wandern. Auswanderungen aus dem Raum Butzbach im 19. Jahrhundert, in: Die Wetterau. Hg. von der Kreissparkasse Friedberg (1983), S. 473 ff.

74 Der Initiator, Kurt Reichmann, hat die Vorgänge im Rahmen der Kulturgeschichte der Drehleier erforscht.

Das bewegende Thema der Auswanderung konnte auch skurrile Blüten treiben, daher seien zum Schluss einige Zeilen aus einem 1852 ohne Verfassernamen in Büdingen erschienenen Gedicht „An die Auswanderer“ zitiert, das den Hoffnungen auf Amerika als Land der Freiheit den Verlust der alten deutschen Freiheiten, oder was der Autor dafür hielt, entgegenstellte.[76] Es endete mit dem Appell an die Amerika-Emigranten:

O bleibt, wo unter Maienzweigen
Die Liebe suchend Liebe fand.
Und in der Jugend buntem Reigen
Die Myrth‘ um blonde Schläfe wand.

F r e i ist das Land wohl über’m Meere
Doch f r e i auch vom Erinn’rungstraum,
Fr e i von dem ros’gen Zauberheere
Das hier umgaukelt Berg und Baum:

F r e i von den Thaten uns’rer Väter
Die der Geschichte Hain umrauscht
und denen spät und immer später
Der Enkel voll Bewund’rung lauscht;

F r e i von dem Heldenkampf im Glauben,
F r e i von dem Schlachtfeld der Vernunft,
F r e i von dem holden Glanz der Trauben,
F r e i von der munt’ren Sängerzunft.

[76] Erschienen im Büdinger „Gemeinnützigen Wochenblatt“ Nr. 27 vom 3.7.1852.

Namenslisten von Auswanderern

Das folgende biographische Material zu Auswanderern aus Gebieten der ehemaligen Reichsgrafschaft Ysenburg oder Orten des Altkreises Büdingen im Großherzogtum Darmstadt erhebt keinerlei Anspruch auf Vollständigkeit. Es sollen lediglich einzelne Auswanderer vornehmlich des 18. Jahrhunderts, deren Namen und Schicksale während der Bearbeitung bekannt wurden, festgehalten werden. Nicht erfasst sind Auswanderer nach Rußland, dazu verweise ich auf meine Veröffentlichung über *Büdingen als Sammelplatz der Auswanderung an die Wolga 1766*.

Banat und Ungarn (18. Jhd.)

Loß, Jacob, aus Calbach, nach Ungarn, Abzugsgeld 18.5.1753, FA Büd Büdinger Rentereirechnung 1752/53 S. 20.

Loß, Johann, Witwe des, aus Calbach, nach Ungarn, Zehnter Pfennig 18.5.1753, FA Büd Büdinger Rentereirechnung 1752/53 S. 20

Loß, Johann Georg, aus Calbach, nach Ungarn, Zehnter Pfennig 18.5.1753, FA Büd Büdinger Rentereirechnung 1752/53 S. 20.

Scheid, Philipp, aus Stockheim, 10 fl. Abzugsgeld 4.5.1751 „weil er in Ungarn gezogen“, FA Büd Düdelsheimer Kellereirechnung 1750/51 S. 50.

Schneider, Anna Barbara, aus Calbach, nach Ungarn, Zehnter Pfennig 18.5.1753, FA Büd Büdinger Rentereirechnung 1752/53 S. 20.

Schneider, Conrad, aus Calbach, nach Ungarn, Zehnter Pfennig 18.5.1753 FA Büd Büdinger Rentereirechnung 1752/53 S. 20

Schneider, Johann Georg, aus Calbach, nach Ungarn, Zehnter Pfennig 18.5.1753 FA Büd Büdinger Rentereirechnung 1752/53 S. 20

Königreich Dänemark (18. Jhd.)

Frickel, Johnn Henrich, aus Lieblos, „der sich in Königl. Dänischen Landen niedergelassen“, zahlt am 26.1.1762 den Zehnten Pfennig von seinen verkauften Gütern, FA Büd Meerholzische Rentkammerkasse-Rechnung 1762, S. 14.

Hellmuth, Ernst, aus Niedermittlau, „der in Königl. Dähnischen Kriegsdiensten stehet“, zahlt 1758 von seinem an den Bruder verkauften Erbteil den Zehnten Pfennig, FA Büd Bestand Meerholz, Administrations-Cammercassen-Rechnung 1758 S. 12

Lang, Michel, aus Düdelsheim, hat sich in Dänemark verheiratet. Zahlt am 28.2.1750 Zehnten Pfennig und Abzugsgeld aus seinem verkauften elterlichen Erbe. FA Büd. Düdelsheimer Kellerei-Rechnung 1749/50, S. 51, 53.

Möser, Thomas, aus Haingründau, Königl. Dänischer Musketier, zahlt am 21.6.1753 den Zehnten Pfennig. FA Büd. Büdinger Kellerei-Rechnung 1752/53, S. 19.

Scheid, Adam, aus Calbach, 1766. „Adam Schaid, ist gegen Petri unter die Dähnischen Soldaten gegangen“. FA Büd Büdinger Renterei Rechnung 1766, S. 185.

Wagner, Johann Caspar, aus Stockheim, hat sich in Dänemark verheiratet. Zahlt am 28.2.1750 den Zehnten Pfennig von seinem Erbe, FA Büd. Düdelsheimer Kellerei-Rechnung 1749/50, S. 51, 53.

Kolonien in Nordamerika 1709, vornehmlich Carolina

Laut dem Marienborner Amtsprotokoll 1709/10 (FA Büd Protokolle und Diaria), S. 17, ziehen „in Carolinam" unter Zahlung des Zehnten Pfennigs am 14.8.1709. Hinzu. FA Büd Stadt und Land 64/491 zu den Auswanderern aus Stockheim:

Degen, Wilhelm,	aus Nieder-Mockstadt
Düsing, Johannes,	„
Gröll, Henrich,	„
Hermann, Johannes,	„
Oppenheimer, Hans Henrich,	„
Sauer, Andreas,	„
Schäfer, Hans Werner,	„
Schäfer, Johann Reinhard,	„
Schäfer, Johann Willem,	„
Schäfer, Reinhard,	„
Burckhard, Hans,	aus Ober-Mockstadt
Müller, Johann Adam,	„
Treut, Andreas,	?
Conradi, Johann Henrich, mit Frau und 4 Kindern	aus Stockheim
Deckmann, Johannes,	„
Deckmann, Johann Henrich,	„
Dewig, Christians Witwe und Tochter,	„
Dewig, Justus, mit Frau und Kindern	„
Lampmann, Peter, mit Frau und 4 Kindern	„
Windecker, Hartmann, mit Frau und Kindern	„
Windecker, Johann Conrad, mit Frau	„

Pennsylvanien und weitere Staaten

Knauß, Johann Ludwig, aus Düdelsheim, zieht 1723 nach Whitemarsh bei Philadelphia, Pennsylvanien, mit Frau Anna Margarethe, geb. Gerlach, und sieben zwischen 1710 und 1721 geborenen Kindern (Frdl. Hinweis W. Wagner, Düdelsheim).

Bechtold, Katharina, aus Rothenbergen, 1748 nach Amerika, FA Büd Rechnung der Kellerei Meerholz-Lieblos 1748, S. 23.

Braunmüller, Johannes, aus Langenselbold, 1739 nach Pennsylvanien.

Dittert, Matthäus, aus Nieder-Gründau, 1748 nach Amerika, FA Büd Rechnung der Kellerei Meerholz-Lieblos, S. 23.

Dörr, Johann Jost, aus Meerholz, 1748 „in Americam“, FA Büd Rechnung der Kellerei Meerholz-Lieblos 1748, S. 22.

Faust, Abraham, aus Langenselbold, 1739 nach Amerika, 24 Jahre alt.

Faust, Johann Peter, aus Langenselbold, stirbt 1744 in Berks County, Pennsylvanien.

Förnges, Witwe des Johann Heinrich, vermutlich aus Hesseldorf, vor 1750, „so mit in Pensylvanien gezogen“, FA Büd Wächtersbacher Renterei-Rechnung 1750, Pos. 22.

Günther, Witwe des Heinrich, aus Roth, 1748 nach Amerika, FA Büd Kellerei-Rechnung Meerholz-Lieblos 1748, S. 23.

Gürtler, Lorenz, aus Büches, „so nach Neu Engelandt ziehet“, 1751. FA Büd Kammer-Rechnung 1750/51, S. 15.

Guillaume, Pierre, aus Waldensberg, nach Pennsylvanien, 1752. FA Büd Wächtersbacher Renterei-Rechnung 1752, Pos. 22. Er trifft am 22.11.1752 mit der „Phoenix“ von Rotterdam aus in Philadelphia ein.

Hartwig, Johann Peter, aus Breitenborn, „so nach Neu-Schottland ziehet“, FA Büd Wächtersbacher Renterei-Rechnung 1752, Pos. 22.

Huck, Andreas, aus Wächtersbach, 1750 nach Pennsylvanien, wo er am 13. August mit dem Schiff „Edinburgh“ eintrifft, FA Büd. Renterei-Rechnung Wächtersbach 1750, S. 21.

Iserlohn, Witwe des Bernhard, aus Büdingen(?), 1751 nach Neu-England, FA Büd Büdinger Kammer-Rechnung 1750/51, S. 14.

Keller, Johannes und Johann Georg, beide aus Rothenbergen, 1748 nach Amerika, Kellerei-Rechnung Meerholz-Lieblos 1748, S. 23.

Keyßer, Anna Margarethe, 1766 nach Amerika, FA Bir Kellerei-Rechnung 1766, S. 35.

Kirschner, Johannes, aus Langenselbold, nach Pennsylvanien, trifft am 27.8.1733 mit dem Schiff „Elizabeth“ in Philadelphia ein. Pennsylvania German Pioneers II, S. 106.

Knіß, Johannes, aus Wittgenborn, 1750 nach Pennsylvanien, trifft am 13. August mit dem Schiff „Edinburgh“ in Philadelphia ein. FA Büd Renterei-Rechnung Wächtersbach 1750, S. 21.

Kuhl, Jacob, aus Rothenbergen, 1748 „in Americam“, FA Büd Kellerei-Rechnung Meerholz-Lieblos 1748, S. 23.

Meßerschmidt, Johann Georg, aus Mittelgründau, wird 1750 als „in die Insel gezogen“ erwähnt, FA Büd Büdinger Kammer-Rechnung 1750/51, S. 11.

Meyer, Johann Ulrich, aus Büdingen(?), 1751 nach Neu-England, FA Büd Büdinger Kammer-Rechnung 1750/51, S. 14.

Mörs, Johann Georg, aus Büdingen, 1751 nach Neu-England, FA Büd Büdinger Kammer-Rechnung 1750/51, S. 14.

Mohn, Balthasar, aus Niedergründau, 1747 will „in Americam ziehen“ FA Büd Kellerei-Rechnung Meerholz-Lieblos, S. 23.

Müller, Jacob, aus Hesseldorf, 1750 „in Pensylvanien gezogen“, FA Büd Wächtersbacher Renterei-Rechnung 1750 S. 21. Am 13.8.1750 Ankunft in Philadelphia mit dem Schiff „Edinburgh“ aus Rotterdam.

Neun, Johannes, aus Rothenbergen, 1748 nach Amerika, FA Büd Kellerei-Rechnung Meerholz-Lieblos 1748, S. 23.

Peppel, Johann Peter, ysenburgischer Landreuther, 1749 nach Pennsylvanien, FA Büd Büdinger Rentkammer-Rechnung 1748/49, S. 26.

Protzmann, Ludwig, aus Wittgenborn, 1750 nach Pennsylvanien, FA Büd Wächtersbacher Renterei-Rechnung 1750, S. 21 – Am 13.8.1750 Ankunft in Philadelphia mit dem Schiff „Edinburgh“ aus Rotterdam.

Reber, Johannes, aus Langenselbold, 23.4.1742 Birstein, Pass über Ledigzahlung durch Graf Wolfgang Ernst II., nach Pennsylvanien (Privatbesitz).

Reichert, Johann Jacob, aus Rothenbergen, 1748 nach Amerika FA Büd Kellerei-Rechnung Meerholz-Lieblos 1748, S. 23.

Reifschneider, Johann Adam und Johann Michael, beide aus Rothenbergen, 1748 nach Amerika, FA Büd Kellerei-Rechnung Meerholz-Lieblos 1748, S. 23.

Scherp, Christina, Wächtersbach(?), 1750 „in Pensylvanien“, FA Büd Wächtersbacher Renterei-Rechnung 1750, S. 22.

Schlegel, Johannes, aus Niedergründau, 1748 nach Amerika, FA Büd Kellerei-Rechnung Meerholz-Lieblos 1748, S. 23.

Schlegel, Katharina, Witwe, aus Niedergründau, 1748 nach Amerika, FA Büd Kellerei-Rechnung Meerholz-Lieblos 1748, S. 23.

Schleucher, Johannes, aus Niedergründau, 1737 nach Amerika, 1748 erfolgt eine Nachzahlung aus seinem Erbe, FA Büd Kellerei-Rechnung Meerholz-Lieblos 1748, S. 23.

Schmick, Caspar und Johann Philipp, beide aus Büdingen, 1751 „so in die Insel gezogen“, Nachsteuer, FA Büd Büdinger Kammer-Rechnung 1750/51, S. 13.

Schneider, N.N., Tochter des Georg Schneider aus Calbach, 1750 nach Pennsylvanien, FA Büd Büdinger Kammer-Rechnung 1750/51, S. 11.

Sommer, Carl August, aus Büdingen ?, 1751 „welcher nach Neu Engelandt ziehet“, FA Büd Büdinger Kammer-Rechnung 1750/51, S. 14.

Stein, Johann Adam, aus Weilers, 1750 nach Pennsylvanien, FA Büd Wächtersbacher Kellerei-Rechnung 1750 S. 21. – Am 13.8.1750 Ankunft in Philadelphia mit dem Schiff „Edinburgh“ aus Rotterdam.

Wilhelm, Johann Henrich, aus Hesseldorf, vor 1750 nach Pennsylvanien, FA Büd Wächtersbacher Kellerei-Rechnung 1750, S. 22.

Die Auswanderungswilligen aus der Gemeinde Pferdsbach 1846

In einer „Edictalladung“ vom 19. September 1846, die mehrfach im Büdinger Anzeigeblatt veröffentlicht wurde, forderte Kreisrat Dr. Spamer dazu auf, alle Forderungen oder sonstige Ansprüche an die Auswanderer binnen drei Monaten beim Großherzoglichen Landgericht geltend zu machen, da sonst die Entlassungsurkunden erteilt würden. Verzeichnet sind die Namen:

1) **Albrecht**, Friedrich, nebst Familie

2) **Albrecht**, Heinrich, ledig

3) **Albrecht**, Conrad, ledig

4) **Ditzel**, Georg, ledig

5) **Albrecht**, Heinrich, nebst Familie

6) **Bach**, Friedrich, nebst Familie

7) **Dath**, Georg, nebst Familie

8) **Feil**, Thomas, nebst Frau

9) **Feil**, Peter, nebst Familie

10) **Graul**, Adam, nebst Frau

11) **Listmann**, Christian, nebst Familie

12) **Mäuser**, Johannes, nebst Familie

13) **Mäuser**, Conrad, nebst Familie

14) **Meinhardt**, Heinrich, nebst Familie

15) **Müller**, Peter, nebst Familie

16) **Naumann**, Georg, nebst Sohn

17) **Reutzel**, Johannes, nebst Familie

18) **Ruth**, Caspar, nebst Familie

19) **Reutzel**, Heinrich, nebst Familie

20) **Schäfer**, Andreas Wittwe, nebst Familie

21) **Schwab**, Heinrich, nebst Familie

22) **Velte**, Johannes, nebst Familie

23) **Velte**, Ludwig, nebst Familie

24) **Wolf**, Ludwig, Wittwer

25) **Weber**, Heinrich I, nebst Familie

26) **Weber**, Heinrich II, nebst Familie

27) **Ey**, Heinrichs Wittwe

28) **Diedolf**, Johannes, ledig

29) **Geiß**, Ernst, ledig

30) **Ey**, Andreas, ledig

31) **Beier**, Ludwig, nebst Familie

32) **Soldan**, Conrad, ledig

33) **Flach**, Anton, nebst Familie

34) **Soldan**, Maria, ledig

35) **Diedolf**, Catharina Maria, ledig

36) **Diedolf**, Margaretha, ledig

37) **Diedolf**, Elisabetha, ledig

38) **Dath**, Johann, ledig

39) **Dath**, Wilhelm, ledig

40) **Mohr**, Kraft, nebst Familie

41) **Schäfer**, Heinrich, nebst Frau

Weitere Auswanderer nach Amerika im Notjahr 1846

In einer „Edictalladung“ vom 17. März 1846, veröffentlicht im Büdinger Anzeigeblatt vom 21. März 1846, werden als Auswanderer, nicht nur nach Amerika, genannt:

1) Kaufmann Wilhelm **Mörschel** von Büdingen will nach Neuwied im Königreich Preußen auswandern

2) Johann Georg **Neidhardt** und dessen Schwester Henriette **Neidhardt** von Büdingen nach Nordamerika

3) Johannes **Dautreich** von Stockheim desgl.

4) Georg **Dörr** von Orleshausen desgl.

5) Caspar **Kraft** von Stockheim desgl.

6) Adam Herrmann **Nanz**, Konrad **Traumüller** mit Familie, Heinrich **Klipper** mit Familie, Schulvicar Wilhelm **Gompf** mit Familie, Konrad **Klaus** mit Frau, Johannes **Schäfer** mit Familie und Peter **Schärf** mit Familie, sämtlich von Düdelsheim, desgl.

7) Gertraud **Schmidt**, Tochter des Adam Schmidt aus Hitzkirchen, desgl.

8) Konrad **Schmidt** und Peter **Reuneck** von Stockheim desgl.

9) Heinrich **Krausser** von Büdingen nach Freinsheim im Königreich Baiern

10) Friedrich **Rühlmann** zu Himbach nach Nordamerika

12) Nikolaus **Schwab** nebst Sohn, Heinr. **Schwab** nebst Familie aus Calbach, sowie Georg **Stürz** nebst Familie, Jakob **Trieber** mit Familie, Georg **Herdt**, Katharina Maria **Grün**, Konrad **Hilß** nebst Familie aus Wolf desgl.

13) Jost Heinrich **Nagel**, Witwer von Lorbach desgl.

14) Jost **Gebb** nebst Familie, Jost **Bommersheim** nebst Familie u. Melchior **Jünger** nebst Familie von Vonhausen desgl.

15) Georg Philipp **Kraft** von Stockheim nebst Familie desgl.

16) Johannes **Gleiber** nebst Familie von Hitzkirchen desgl.

17) Heinrich **Groß** nebst Familie von Wenings desgl.

18) Heinrich **Kohlberger** zu Bösgesäß desgl.

19) Konrad **Specht** nebst Familie von Kefenrod desgl.

20) Karl **Horst** nebst Familie und Peter **Bartmanns** Witwe von Düdelsheim desgl.

21) Andreas **Koch** von Langenbergheim desgl.

22) Johannes **Milke** von Jllnhausen desgl.

23) Konrad **Milke** von da desgl.

24) David **Binder** von Obermoxstadt desgl.

Edictalladung vom 14.12.1846, veröffentlicht am 19.12.1846:

Conrad **Orth** Witwer und Adam **Orth** mit Familie von Aulendiebach beabsichtigen nach Nordamerika auszuwandern.

Literatur in Auswahl

Quellen zur Auswanderer-Forschung im hessischen Staatsarchiv Darmstadt. Bearbeitet von Eckhart G. **Franz** u.a. (Darmstädter Archivschriften 7). Darmstadt 1984.

Auswanderung aus Hessen. Katalog zur Ausstellung der Hessischen Staatsarchive zum Hessentag 1984 in Lampertheim. Wissenschaftliche Bearbeitung I. **Auerbach**, J. R. **Wolf** und W. **Schüler**. Marburg: Hess. Staatsarchiv 1984. Die Ausstellung wurde im Heuson-Museum Büdingen vom 17.11.1984 bis zum 2.1.1985 gezeigt, angereichert durch Dokumente zur Auswanderung aus der Büdinger Region. Dazu erschien als Museumsinformation 3/1984 ein 16seitiges Informationsheft.

Ackermann, Jürgen: Von Wächtersbach nach Amerika = Sammlungen zur Geschichte von Wächtersbach 105, 1991. – mit alphabetischer Namensliste von 464 Auswanderern nach Nordamerika ab 1832.

Assion, Peter: Von Hessen in die Neue Welt. Eine Sozial- und Kulturgeschichte der hessischen Amerika-Auswanderung, mit Text- und Bilddokumenten (Hessen-Bibliothek im Insel-Verlag). Frankfurt/M 1987.

Auerbach, Inge: Der hessische Löwe und der russische Bär. Die Beziehungen zwischen Hessen-Kassel und Russland 16. - 20. Jahrhundert. Marburg 2003. Darin: Auswanderung aus Hessen-Kassel nach Rußland im 19. Jahrhundert, S. 100-106.

Decker, Klaus-Peter: Büdingen als Sammelplatz der Auswanderung an die Wolga 1766. Hg.: Geschichtswerkstatt Büdingen. Büdingen 2009.

Denzel, Markus A. (Hg.): Deutsche Eliten in Übersee (16. bis frühes 20. Jahrhundert). Büdinger Forschungen zur Sozial-geschichte 2004 und 2005 (Deutsche Führungsschichten in der Neuzeit 27). St. Katharinen 2006. – darin u.a.: Mark **Häberlein**, Wirtschaftliche und politische Eliten unter den deutschsprachigen Einwanderern in Nordamerika im 18. Jahrhundert, S. 19-44; Eckhart G. **Franz**, Freiheit jenseits des Meeres.

Hessische Polit-Emigration nach Übersee im 19. Jahrhundert, S. 85-93; Michael **Zeuske**, Deutsche als Eliten in Lateinamerika (19. Jahrhundert). Regionen, Typen, Netzwerke und paradigmatische Lebensgeschichten, S. 173-206. – Büdinger Gespräche der Ranke-Gesellschaft in Schloss Büdingen, mit öffentlichen Vorträgen vor dem Büdinger Geschichtsverein.

Franz, Eckhart G.: Deutschland braucht Kolonien ... in Texas? Frühe Kolonisierungspropaganda aus Büdingen, in: Büdinger Geschichtsblätter 15, 1995/96, S. 335-339.

Franz, Eckhart G.: „Peter der Eremit" und die Auswanderungsfrage. Die revolutionäre Frühschrift Hans Christophs von Gagern aus dem Jahre 1795, in: Aus Hessens Geschichte. Aufsätze von Eckart G. Franz. Festschrift zum 75. Geburtstag, hg. vom Historischen Verein für Hessen. Darmstadt 2007, S. 233-245.

Herder, Hans (Hg.): Hessisches Auswandererbuch. Berichte, Chroniken und Dokumente zur Geschichte hessischer Einwanderer in den Vereinigten Staaten 1683-1983 (Hessen-Bibliothek im Insel-Verlag). Frankfurt/M 1983.

Heusohn, Karl: Ausgegangene Orte: Pferdsbach, in: Heimatblätter für den Kreis Büdingen, 2. Jg. 1929, Nr. 9-11; Wernings, ebenda 2. Jg. 1929, Nr. 12; 3. Jg. 1930, Nr. 1-2.

Pennsylvania German Pioneers. A Publication of the Original Lists of Arrivals in the Port of Philadelphia from 1727 to 1808. By R. B. **Strassburger**. Ed. by W. J. **Hinke**. Baltimore 1980. 2 Bände.

Scheid, Rudolf M.: Auswanderer nach Dänemark aus Hessen, in: Hessische Familienkunde 17, 1984, H. 1, Sp. 41-52.

Hinweise

Das Hessische Staatsarchiv Marburg sammelt in seiner hausinternen Datenbank HESAUS (HESsische AUSwanderer) Namen und Daten zu Emigranten aus dem Kurfürstentum Hessen von 1830 bis 1866, aus dem Hanauer Landesteil ab etwa 1770 und aus dem Fürstbistum Fulda ab 1764. Eine Erweiterung auf die Zeit nach 1866 ist in Vorbereitung.

Zu deutschen Einwanderern in Südbrasilien (Rio Grande do Sul) forscht aktuell Rodrigo Trespach, Osório, RS Brasil. Homepage: www.rodrigotrespach.com e-mail: rodrigo.trespach@gmailcom. Von ihm liegen u.a. Listen zu Einwanderern 1824/25 aus dem Wetteraukreis und Main-Kinzig-Kreis, Hessen, vor.

Wernings und seine wechselvolle Geschichte

Hans Erich Kehm

Wernings hat in 700 Jahren eine sehr wechselvolle Geschichte erlebt. Am 30. März 1322 wird Wernings zum ersten Mal urkundlich erwähnt. Unter diesem Datum trägt der Knappe Johann von Romrod dem Kloster Fulda „villam suam Werniches" als Burglehen auf.[1]

Die nächste Erwähnung findet sich am 12. März 1357, als der Verkauf des Dorfes „Werchins" *(= Wernings)* dokumentiert wird: „Dietrich, Propst des Klosters auf dem Petersberg bei Fulda, sowie Dekan Johann und der Konvent dasselbst verkaufen dem Heinrich von Ysenburg-Büdingen für 50 Heller das Dorf Werchins."

Die Marienkapelle zu „Werniss" wird im Jahr 1437 zum ersten Mal erwähnt, als ein Hermann Sutor als „Verweser" *(= Verwalter/ Pfarrer der Kirche)* vorgeschlagen wird.[1] Die Kirche dürfte aber schon viel früher vorhanden gewesen sein, denn bereits 1357 stiftet der Wäppner Johann von Wenings für die neu zu errichtende Antoniuskapelle in Wenings ½ Hube *(= 15 Morgen)* eigenes Land „tzu dem Werniz zu allernehist obene an der Kirchen".

Der Name Wernings bedeutet: „zu dem Werners Hof oder Dorf". Es waren zu dieser Zeit auch nur zwei Höfe und vielleicht einige Häuser vorhanden, denn die Flurnamen „An dem untersten Höfchen" und „An dem obersten Höfchen" deuten darauf hin. Ein Verzeichnis im Amt Wenings aus dem Jahre 1551 zeigt uns, dass Wernings damals nur fünf waffenfähige Bewohner hatte, von denen aber nur einer waffenpflichtig war.[2]

Obwohl Wernings eine eigenständige Gemeinde war, war es doch immer sehr eng mit dem angrenzenden Wenings verbunden, zum Beispiel durch eine gemeinsame Verwaltung und verschiedene Rechte in der Weningser Mark. In der Mainzer Stiftsfehde 1462 wurde die Pfarrkirche für Wenings und Wernings in Flossbach *(„Stumpe Kirche" südlich von Wenings)* sowie der Ort teilweise zerstört. Die Kirche in Wenings zur Pfarrkirche erhoben, die

Toten der drei Gemeinden wurden aber weiterhin bei der Kapelle in Wernings bestattet, die der „heiligen Jungfrau Maria" geweiht war. Den Weg von Flossbach nach Wernings nennt man heute noch den „Pfaffenweg".

Während der unsicheren Zeiten des Dreißigjährigen Krieges wurde 1626 in Wenings ein neuer Friedhof angelegt. In den Jahren 1628 bis 1631 befanden sich nur noch vier Familien in Wernings. Außer den Kriegseinwirkungen hatte die Bevölkerung stark unter der Pest - besonders in den Jahren 1634 und 1635 - zu leiden. Wenige Jahre danach lag das Dorf in Trümmern, alles war ausgestorben, sodass der Amtskeller 1647 in die Rechnung schrieb: „Innahme Zinß zu Wernings: 0. NB *(Nota bene = Grund dafür)* Diese Denteß *(= Zinspflichtigen)* seint alle verstorben".[2] Die Weningser aber holten die alte Marienglocke vom Turm und brachten sie in die Weningser Kirche, wo sie heute noch mit den anderen Glocken geläutet wird. Die Glocke trägt zweimal die Inschrift „Ave Maria".

Ruine der Marienkirche, Aufnahme 1981

Marienglocke in der Weningser Kirche

Noch erhaltene Piscina an der Außenmauer der Kirchenruine

Nach dem Dreißigjährigen Krieg blieb Wernings 40 Jahre lang unbewohnt und die Gemarkung war verwüstet. 1686 sandte der Weningser Bürger Gottfried Ströder den Grafen Johann Philipp und Wilhelm Moritz von Ysenburg eine Bittschrift, um mit seiner Frau, acht Söhnen und fünf Töchtern in Wernings neu siedeln zu dürfen.[3] 1687 erhielt er die Genehmigung und fing an zu bauen. Er musste Vieh und sämtliches Inventar anschaffen, Lebensmittel für seine Familie kaufen und dabei Zins zahlen, das war ein harter Anfang. 1697 waren es bereits vier Familien, Gottfried Ströder und drei seiner verheirateten Söhne. Jedoch ist 100 Jahre später, laut Aufzeichnungen von 1794, von der Familie Ströder niemand mehr in Wernings ansässig.[3]

Die Werningser Kinder gingen in Wenings zur Schule. Im Jahr 1769 erhält Wernings eine Winterschule, im Sommer mussten die Kinder wieder in Wenings zur Schule gehen. Erst Anfang des 19. Jahrhunderts erhält Wernings eine Sommer- und Winterschule.

Infolge der regenreichen Jahre 1815 - 1819, der damit verbundenen Missernten, Hungersnöte und einer enormen Schuldenlast, verschlechterten sich die wirtschaftlichen Verhältnisse zu unerträglichen Lebensbedingungen, wie auch in anderen Vogelsbergdörfern. Hierin kann man den Hauptgrund für die einsetzende Auswanderungsbewegung im 19. Jahrhundert aus dem Vogelsberg, aus Hessen und anderen Gegenden Deutschlands nach Brasilien, Russland und Nordamerika sehen.

Schon 1824 wanderten zwei Werningser Familien nach Brasilien aus. Die guten Meldungen von dort und die eigene wirtschaftliche Not ließ bei den Werningsern immer mehr den Gedanken an eine Auswanderung aufkommen.

1840 war es der Lehrer Wilhelm Reifschneider, der die Bewohner von Wernings zu einer Versammlung zusammenrief, ihnen ihre Not klar vor Augen führte und sie zur Auswanderung aufforderte. Er sah für sie keinen anderen Weg, um aus ihren schlimmen Verhältnissen herauszukommen. Es wurde ein Protokoll aufgesetzt, das alle Anwesenden unterschrieben und mit dem bei der Regierung um die Genehmigung zur Auswanderung gebeten wurde. Das gesamte Gemeinde- und Privatvermögen wurde für 110.000 Gulden an den Grafen von Solms-Laubach verkauft und endlich, nach Abwicklung vieler Formalitäten, wurde am 22. August 1842 die Auswanderung genehmigt. Das hessische Ministerium beauftragte den Büdinger Kreissekretär Schaaf mit der Abwicklung der Auswanderung, was sich für die Werningser als Glücksfall herausstellte, denn Schaaf war ein äußerst korrekter und zuverlässiger Mann, der sie bis zur Abreise in Bremerhaven begleitete.

Am 19. September 1842 war es soweit: Die Werningser verließen ihre Heimat und zogen in einer Wagenkolonne über Lauterbach, Kassel, Göttingen und Hannover nach Bremen, wo sie am 29. September 1842 ankamen. Das Barvermögen wurde von einer Frankfurter Bank in Fässern verpackt und mit einem Gewicht von 318¼ kg per Post nach Bremen geschickt.

Kreissekretär Schaaf regelte die Überfahrt mit dem Kapitän des schwedischen Schiffes „Mimer“ für 156 Personen (118 Erwachsene, 30 Kinder und acht Säuglinge; der Älteste war 89

Jahre, das jüngste Baby noch keine zwei Monate), sorgte für Proviant für 90 Tage und zahlte das restliche Vermögen an die „Berechtigten“ aus. Am 8. Oktober konnte die „Mimer“ in See stechen und erreichte am 2. Dezember 1842 den Hafen von New Orleans. Von hier aus ging es zuerst mit einem Flussdampfer den Mississippi aufwärts und dann mit Wagen weiter, bis sie am 26. Dezember 1842 St. Louis erreichten.

Fast alle ließen sich in Illinois, Waterloo und Columbia nieder. Hierauf begründet sich heute die Städtepartnerschaft zwischen Gedern und Columbia. Die Häuser in Wernings wurden vom Graf von Solms-Laubach „auf Abriss“ verkauft, es blieben nur einige Wirtschaftsgebäude übrig, die in den Archivalien[4] als „Hofgut zu Wernings“ bezeichnet werden. 1861/62 wurde ein „neues Wohnhaus auf dem Gräfl. Solms-Laubachischen Hofgut zu Wernings“[4] gebaut, welches noch erhalten ist und im Volksmund das „Forsthaus“ genannt wird, da es als Wohnhaus des Gräflichen Försters diente und heute der Familie Lang gehört.

598

Allgemeines Intelligenzblatt.

1577) [Wernings.]

Verkauf von Gebäuden

auf den Abbruch.

In Auftrag der Gräflichen Rentkammer in Laubach sollen sämmtliche Gebäulichkeiten des Dorfes Wernings im Kreisbezirk Büdingen, bestehend aus Wohnhäusern, Scheuern und Stallungen, im Ganzen 54 einzelne Gebäude, auf den Abbruch aus der Hand verkauft werden.

Die fraglichen Gebäulichkeiten sind durchgehends einschließlich des Gebälks und der Dachsparren von Eichenholz aufgebaut und mit weniger Ausnahmen mit Ziegeln gedeckt.

Alle dazu Lusttragende haben sich zur weiteren Verhandlung an den Unterzeichneten zu wenden.

Wenings, den 23. April 1841.

Pauli, Polizeicommissär.

Öffentliches Verkaufsangebot der Werningser Häuser zum Abbruch, 03. Mai 1841

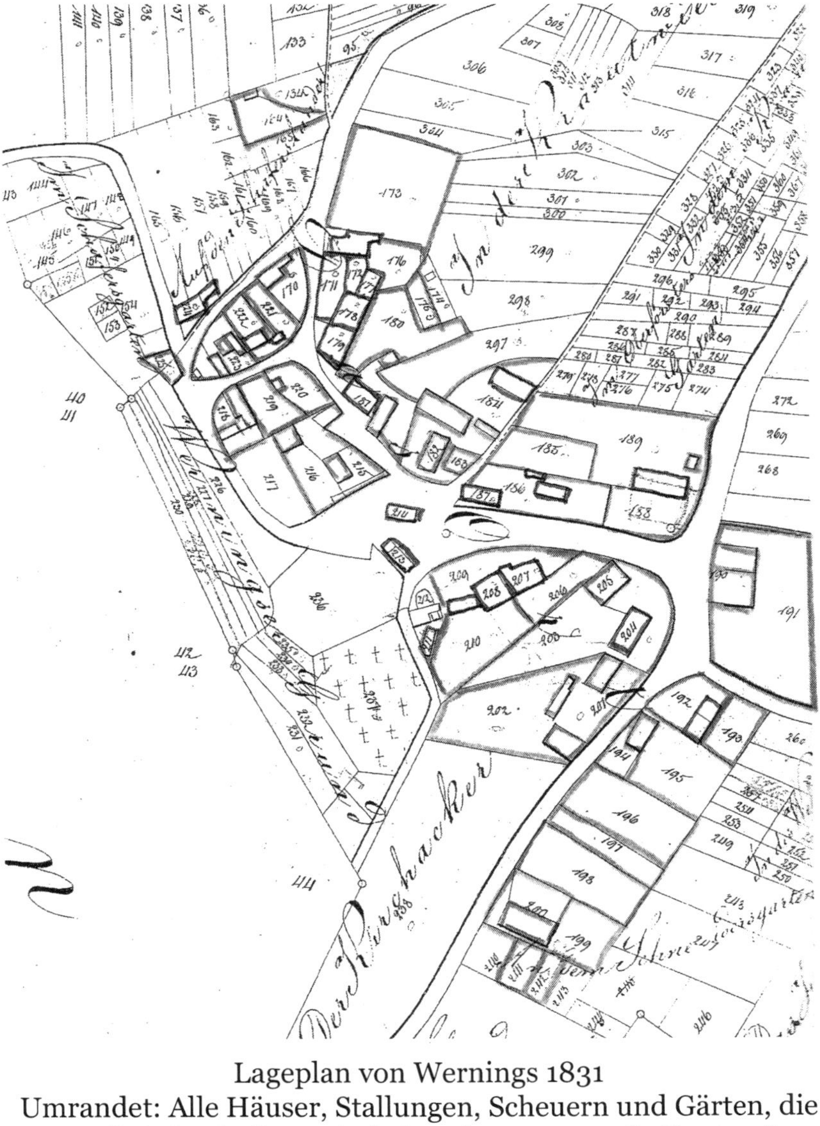

Lageplan von Wernings 1831
Umrandet: Alle Häuser, Stallungen, Scheuern und Gärten, die im Kaufbrief aufgelistet sind, dazu kommen noch die einzelnen Grundstücke, die als Äcker und Wiesen in der Gemarkung lagen. Insgesamt über 1400 Positionen im Kaufbrief vom 27. August 1842

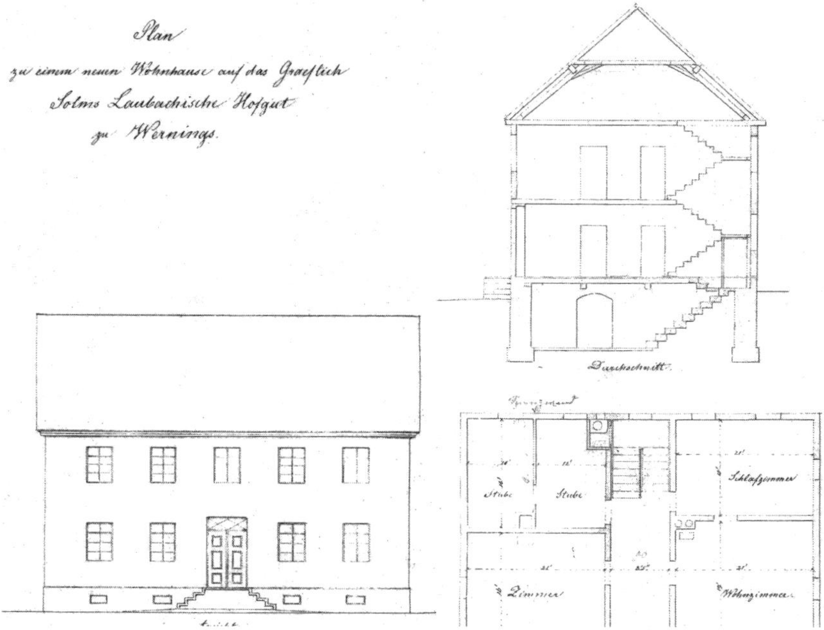

Bauplan des Architekten Melior
zum Bau des heutigen Forsthauses von 1861

Forsthaus aus dem Jahr 1862, Aufnahme Febr. 2008

Wilhelm Baur war im Herbst 1843 auf einer Vogelsbergwanderung Zeuge des Abschieds. In seinen „Lebenserinnerungen" (Hessische Volksbücher, Bd. 10 und 11, Darmstadt 1911, S. 174) schreibt er darüber: „Am andern Morgen trat uns die wirtschaftliche Not des Vogelsberges in einem eigentümlich ergreifenden Bilde vor Augen. Als wir (von Gedern kommend) von der Höhe nach Wenings herabstiegen, hörten wir links Musik und sahen einen Volkshaufen hinter ihr herziehen. Es waren die Bewohner des Dörfleins Wernings. Die hatten Haus und Hof, Acker und Vieh verkauft an den Fürsten von Birstein (muß heißen: den Grafen von Solms-Laubach) und nahmen vor dem Abzug nach Amerika Abschied von ihrem Pfarrer. Vor dem Pfarrhause waren wir Zeugen dieses Abschieds."

In seinen Lebenserinnerungen beschreibt der Theologe und Superintendent Wilhelm Bauer eine Vogelsbergwanderung aus dem Herbst 1842. Darin vermerkt er unter anderem die Begegnung mit den Einwohnern aus Wernings kurz vor ihrer Abreise nach Nordamerika

Die V. H. C.-Linde bei Wernings.

Hoch ragt eine mächtige Linde,
Wie breiten die Aeste sich weit!
Leis flüstern die Blätter im Winde
Von alter verschollener Zeit.

Still schaut aus dem Tale in Trümmern
Zur Linde ein Kirchlein empor,
Und zitternde Goldstrahlen schimmern
Ins epheuumwachsene Chor.

Wo einstmals die Andacht gesungen
Manch flehendes Wallfahrerlied,
Sind Glocken und Orgel verklungen —
Schrill rauschen die Sensen durch's Ried.

Gedicht über die VHC-Linde oberhalb von Wernings

Ein Gedicht über die Auswanderung der Werningser.

Mitgeteilt von Prof. Dr. jur. et. phil. Karl Esselborn.

Das nordöstlich von Wenings gelegene Filialdorf Wernings im Kreise Büdingen, das im Jahre 1830 25 Häuser und 147 evangelische Einwohner, darunter 13 Bauern, 7 Handwerker und 5 Taglöhner zählte, wurde im Jahre 1843 dadurch zur Wüstung, daß der größte Teil der Einwohner nach Amerika auswanderte und nur ein kleiner Rest sich in den benachbarten Dörfern ansiedelte. Von den auf ihnen ruhenden Lasten suchten sie sich dadurch zu befreien, daß sie dem Grafen von Solms Laubach ihre Liegenschaften verkauften, der den Gemeindewald und die Privatbesitzungen für 116 000 Gulden erwarb und die Häuser abtragen ließ, um das Ganze in einen Wald zu verwandeln. Wilhelm Baur war im Herbst 1843 auf einer Vogelsbergwanderung Zeuge des Abschieds. In seinen „Lebenserinnerungen“ (Hessische Volksbücher, Bd. 10 und 11, Darmstadt 1911, S. 174) schreibt er darüber: „Am andern Morgen trat uns die wirtschaftliche Not des Vogelsberges in einem eigentümlich ergreifenden Bilde vor Augen. Als wir (von Gedern kommend) von der Höhe nach Wenings herabstiegen, hörten wir links Musik und sahen einen Volkshaufen hinter ihr herziehen. Es waren die Bewohner des Dörfleins Wernings. Die hatten Haus und Hof, Acker und Vieh verkauft an den Fürsten von Birstein (muß heißen: den Grafen von Solms-Laubach) und nahmen vor dem Abzug nach Amerika Abschied von ihrem Pfarrer. Vor dem Pfarrhause waren wir Zeugen dieses Abschieds.“ Diesen Vorgang hat damals ein Mann, der ein Herz für des Volkes Wohl und Wehe hatte, in Verse gekleidet, die sich in einem Abdruck aus dem „W. Volksbl.“ in Nr. 40 vom 3. April 1849 der in Michelstadt erschienenen Zeitung „Der Odenwälder“ (1849 S. 157) erhalten. Der Name des Verfassers ist nicht überliefert. Er war vermutlich ein Pfarrer, Lehrer oder sonstiger Beamter. Allerdings ist darin der Vorgang, wie eine Anmerkung besagt, im Gegensatz zu Baur (a. a. O.) und Georg Wilhelm Justin Wagner (Die Wüstungen des Großherzogstums Hessen, Prov. Oberhessen S. 294) in das Jahr 1844 verlegt, und zwar in den Frühling. Als zeitgenössische Äußerung über jene Auswanderung, kommt dem Gedichte orts- und kulturgeschichtliche Bedeutung zu, die seinen Abdruck im folgenden rechtfertigt.

Die Auswanderung der Werningser.

Die Sonne steigt empor mit lichtem Strahle;
Wie reizend prangt der Lenz im Thale!
Wie lieblich glänzt der Fluren Kleid!
Doch grausam bist du, Frühlingslieblichkeit!
Denn manches Herz, voll bittren Weh's beim Scheiden
Durchdringt dein Anblick wie ein süßes Gift,
Daß fern es hinwelkt an des Heimwehs Leiden.
Ach, schwerer ist's, der Heimat zu entfliehen,
Wenn wir im Frühlingsglanze von ihr scheiden.

Im Dörfchen tönt verworrnes Schrein und Rufen,
Es knarren Wagen, schallen Rosseshufen;
Ein Zug bepackter Wagen ist zu schaun,
Umringt von Männern, Knaben, Mädchen, Fraun,
Das ganze Dorf! ja niemand, der noch fehlte! —
Wohin, du Volk des Dörfleins, willst du ziehn?
„Das Land der Freiheit ists, das unser Sinn erwählte,
Zum Urwald übers Meer geht unser Zug!
Eins sind wir all'; ja niemand, der uns fehlte.“

Und du, o Greis, du eilst, voranzuschreiten,
So alt, noch eine neue Heimat zu bereiten!
Du, nah dem Grab, was suchst du's fern von hier?
Erliegt der Urwald, Alter, wohl noch Dir?
Da hebt der Greis die Arme, stark noch, kräftig:
„Ha, sollten diese wohl den Urwald scheun!
Sie lenkten fünfzig Jahr den Pflug geschäftig,
Noch sind, den Wald zu roden, beide stark,
Noch sind, ein neues Land zu baun, sie kräftig!“
Ach, horch, ein Schrei! Was stürzt das Weib hinüber?
Des Kindes Grab! — Sie konnte nicht vorüber!
Sie kniet, sie betet, zittert, weint,
Indes sich schluchzend ihr ein Kind vereint.
Da naht ein Mann und hebt sie auf im Schweigen;
Er führt sie sanft hinweg zum nahen Zug;
Und wie die Wangen ihm beträhnt erbleichen,
Spricht er: „Getrost, der Herr nahm, was er gab!“
Dann zieht er fort mit ihr im Schweigen.

Und Schluchzen, Jammer hier, dort stilles Trauern,
Indes der Zug geht längs den Kirchhofsmauern. —
Sie sind vorbei. Den letzten Schmerzensschrei
Verschlingt der Burschen gellendes Juchhei;
Und unter Mädchensang entsteigt dem Tale
Der Wandrer Zug zur sanften Höh hinan,
Von wo sich ihnen zeigt zum letztenmale
Das Dörflein und die traute Heimatflur,
Zum letztenmal dem feuchten Augenstrahle.

Da ruft der Greis: „Schließt alle euch zum Bunde!
Vernehmt ein schlichtes Wort aus treuem Munde!
Nicht vornehm, nicht gelehrt; denn von uns weit
Sind Pfarrer, Richter, jede Obrigkeit!
Der Mietling folgt nicht in Gefahr der Herde;
Er flieht, wenn naht der Wolf mit gier'gem Zahn.
Doch uns verläßt in Not nicht und Gefährde
Der gute Hirt; wir ruhn in seinem Schirme;
Er gibt Vertrauen, festen Mut zur Herde.“

„Seht hin, zum letztenmale heut ihr schauet
Die stille Flur, die ihr so oft gebauet,
Das Dorf, wo wir gequält uns und ergötzt!
Was wir verloren, fühlen wir erst jetzt:
Der Heimat stillen Zauber, ihre Füße,
Der Freiheit Wert, des Lebens Reiz und Lust,
Wer fühlte das, wenn man sie nicht verließe!
Die Heimat ist auf ewig uns entflohn,
Es knüpft kein Band uns mehr als Totengrüße.

„Nicht deine Armut, Tälchen, das wir lieben,
Nur Knechtschaft, Lastendruck hat uns vertrieben.
Wir waren willenlos am eignen Herd,
Nur wie ein leicht zu scherend Schaf von Wert!
Ein fremdes Volk erschien an Sinn und Sitte
Der Herren Schar, die Staat und Kirche lenkt
Und stolz herabblickt auf des Bauern Hütte,
Es standen selbst, die Gottes Wort gelehrt,
Als Brüder nicht, als Herrn in unsrer Mitte!“

„Nicht wollte Gott ein solches Reich auf Erden,
So sollte weder Staat noch Kirche werden,
So will's der Türken, doch nicht Christi Lehr.
Drum ziehts zur neuen Welt uns übers Meer!
Es gibt daher kein Hoffen mehr und Retten,
Wir sind zu schwach, zu stark die Tyrannei!
Drum Brüder auf, werft wandernd ab die Ketten!
Mag jetzt der Graf mit seinen Vögten all
Die Häuser plündern und die Flur zertreten!“

„Wir gehn wie Sterbende aus diesen Gauen;
Laßt uns, wie sie, der Hoffnung Stern vertrauen
In Gottes Gnaden seien wir getrost.
Und, Männer, wenn uns das Geschick umtost,
Der Heimat sagt die letzten Grüße heiter!
Die Erde ist all überall des Herrn;
Er ist uns hier und dort die rechte Leiter,
So fleht in Demut seine Gnade an!“ —
Sie knien und flehn und ziehn getrost dann weiter.

(W. Vlksbl.)

Herausgegeben im Auftrage des Büdinger Geschichtsvereins unter Mitwirkung der Heimatkundlichen Arbeitsgemeinschaft für den Kreis Büdingen von Lehrer K. Heuson Büdingen. — Für Form und Inhalt der Aufsätze sind die Verfasser verantwortlich.

Druck und Verlag der A. Heller'schen Hofbuchdruckerei Büdingen.

Ansichtskarte von Wenings aus dem Jahre 1912
mit der Ruine der Marienkirche in Wernings

Tagebau im
„Roten-Erde-Loch“

Abfuhr der roten Erde

In der ersten Hälfte des 20. Jahrhunderts bis etwa zum 2. Weltkrieg wurde im Wald nördlich von Wernings rote Tonerde im Tagebau und zum Teil in ca. 100 m langen Stollen abgebaut (im Volksmund „das Rote-Erde-Loch“ genannt). Sie diente als Grundstoff für die Farbenindustrie und bei der Eisen- und Gussherstellung der Firma Buderus in Hirzenhain. Man benötigte die rote Tonerde zum Ausmauern des Kupolofens (Schmelzofen bei der Grauguss-Herstellung) und zum Verschließen des Abstichloches bei der Gussschmelze. Sie wurde von Weningser Landwirten mit Pferdefuhrwerken zur Bahnstation in Merkenfritz gebracht.

Seit dem 1. März 1910 wurden die Wiesen und Weiden an die Landwirtschaftskammer für Hessen (ab 1937 Landesverband der Rinderzüchter in Hessen/Nassau) verpachtet und im Sommer als Jungviehweide genutzt. Die Wirtschaftsgebäude dienten den Weidewärtern als Sommerwohnung. Heute befinden sich die ehemaligen Wirtschaftsgebäude im Besitz der Familien Hans, Hans-Georg, Andreas und Michael Hofmann und wurden durch einen Neubau ergänzt bzw. zu Wohnungen umgebaut.

Jungviehweide um ca. 1950

Bedingt durch die enge Besiedlung von Wenings in Folge der Stadtmauer und als Zufluchtsort für die Bewohner der umliegenden Orte (zum Beispiel Flossbach nach der Mainzer Stiftsfehde) waren die Möglichkeiten einer wirtschaftlichen Fortentwicklung der landwirtschaftlichen Betriebe sehr begrenzt. Anfang der 1960er Jahre wurden, unter Einbeziehung von 68 ha der Jungviehweide (Verkauf des Grafen v. Solms-Laubach an die Nassauische Siedlungsgesellschaft - NSG - am 5.10.1960), zwölf landwirtschaftliche Betriebe aus Wenings im Rahmen des Dorfauflockerungsprogrammes und eines Flurbereinigungsverfahrens in die Gemarkung ausgesiedelt. Drei davon kamen nach Wernings. Es sind dies die Betriebe von Heinrich Kaufmann, Heinrich Groß und Helmut Hopp.

Am 12. Okt. 1962 fand das Richtfest für die zwölf Aussiedler-Betriebe in Anwesenheit des Hessischen Ministerpräsidenten Georg August Zinn und des Hessischen Ministers für Landwirtschaft und Forsten Gustav Hacker statt. Es folgten bis 1967 noch weitere Betriebe und in Wenings konnten verschiedene Althofsanierungen durchgeführt werden. Ein weiterer Zuwachs der Neubesiedelung von Wernings erfolgte durch den „Feldwegeverband Vogelsberg“, der als kommunaler Zweckverband und Dienstleistungsunternehmen im Jahr 1965 zur Instandhaltung der Feldwege und Gräben gegründet wurde. Im Laufe der folgenden Jahre wurde durch mehrere Neubauten am Bauhof in Wernings und Erweiterung der kommunalen Dienstleistungen in den angeschlossenen Mitgliedsgemeinden der Aufgabenbereich deutlich vergrößert (zum Beispiel der Winterdienst). Diese Arbeiten werden von zurzeit 16 Mitarbeitern und dem dazu nötigen Fuhr- und Maschinenpark (Bagger, Lkw u.a.) verrichtet. Inzwischen gehören dem Feldwegeverband 15 Gemeinden mit 107 Ortsteilen und ca. 135.000 Einwohnern auf einer Fläche von 750 km² an. Die räumliche Ausdehnung erstreckt sich über den Wetteraukreis, Vogelsbergkreis und Main-Kinzig-Kreis. 1988 feierten die jetzigen Bewohner das 25-jährige Jubiläum der nunmehr dritten Besiedelung von Wernings. Es ist zu hoffen, dass für die jetzigen Einwohner Wernings zur Heimat geworden ist und Wernings noch lange Bestand haben wird.

Quellen:

[1] Hessisches Staatsarchiv, Darmstadt
[2] Heimatblätter für den Kreis Büdingen, Karl Heusohn, 12/1929
[3] Heimatbote vom 23. Febr. 1922
[4] Archiv des Grafen von Solms-Laubach im Schloss Laubach

Alle Bilder zur Verfügung gestellt von Hans Erich Kehm

Auswanderer aus dem heutigen Wetteraukreis nach Südbrasilien, 1. Periode 1824-1830

Rodrigo Trespach

Der erste Deutsche kam im Jahr 1500 als Mitglied der Expedition von Pedro Alvares Cabral nach Brasilien. Es war der Astronom und Kosmograph Meister Johann. In einem Brief an den König von Portugal berichtete er von der Entdeckung und Besitznahme des Landes im Namen des Königs von Portugal. Der bekannteste Deutsche im 16. Jahrhundert war Hans Staden (1524-1576) aus Homburg in Hessen. In dem Buch „Zwei Reisen nach Brasilien" aus dem Jahr 1547 erzählt er von seinen Abenteuern, wie er von Indianern gefangen wurde und dank der Hilfe von französischen Händlern wieder nach Deutschland gelangte. Im 19. Jahrhundert bereisten andere deutsche Wissenschaftler Brasilien, einer der Wichtigsten war Alexander von Humbold.

Brasilien blieb eine portugiesische Kolonie bis 1822. Am 07.09.1822 erklärte Dom Pedro (1798-1834), Sohn des portugiesischen Königs Dom Joao VI. (1767-1826), Brasilien für unabhängig und ernannte sich selbst zum Kaiser. Um eine Truppe für die Verteidigung des Landes zu bilden, heuerte er Söldner in Europa an, vorwiegend Deutsche und Iren. Diese „Ausländischen Divisionen" bewachten die Hauptstadt Rio de Janeiro und wurden auch nach Süden geschickt, um die Grenze zu sichern. Die Provinz Rio Grande do Sul war seit dem 17. Jahrhundert ein Zankapfel zwischen Portugal und Spanien. Eine Besiedlung des Landes mit einer kaisertreuen Bevölkerung war notwendig. Seine Frau, Leopoldine Marie Josefa Caroline von Habsburg (1797-1826), eine Tochter des österreichischen Kaisers Franz I., ließ dafür Einwanderer aus den verschiedenen deutschen Staaten holen. Sie sollten den Anspruch des Kaisers auf das Land konsolidieren und gleichzeitig mit Ackerbau und kleinen Industrien für die Verpflegung der Truppen sorgen.

Der Major Johann Georg von Schäffer (1779-1836), ein Freund der kaiserlichen Familie, wurde mit der Aufgabe nach Europa gesandt, Einwanderer zu werben. Bis 1830 hatte er mehr als 4.800

Kaiserin Maria Leopoldine
Josepha Caroline von
Österreich
von Josef Kreutzinger
Quelle: wikipedia.org

Dom Pedro
Gemälde von Simplício
von Rodrigues de Sá, ca. 1830
Quelle: commons.wikimedia.org

Deutsche nach Brasilien geholt. Um eine Vorstellung von der Größenordnung zu bekommen, muss man wissen, dass während dieser Zeit die Provinz Rio Grande do Sul weniger als 100.000 Einwohner hatte, wobei in der Hauptstadt Porto Alegre etwa 10.000 und in den Küstengebieten gerade 24.000 Menschen lebten. Heute weist Rio Grande do Sul eine Bevölkerung von über 10 Millionen und die Hauptstadt ca. 4 Millionen auf.

Man schätzt, dass während der ersten Einwanderungsperiode (1824-1830) ca. 10.000 Deutsche (Einwanderer und Soldaten) in 44 Schiffen aus Bremen, Hamburg und Amsterdam nach Rio de Janeiro gekommen sind. Die Schiffe waren im Durchschnitt

100 m lang und 30 m breit. Der „Kranich“ zum Beispiel war 97 x 26 m groß und hatte eine Kapazität von bis zu 350 Personen. Eine Reise von Hamburg nach Sao Leopoldo, über Rio de Janeiro und Porto Alegre, hat bis zu 90 Tagen gedauert, ohne die Wartezeiten in den Häfen gerechnet. Man schätzt, dass die Familie Dressbach für ihre Reise von Büdingen nach Sao Leopoldo 316 Tage gebraucht hat.

Der Erfolg von Schäfer und anderen Anwerbern ist zum Teil der schwierigen Lage in Europa nach dem Fall Napoleons zu verdanken. In Hessen warb ein R. Kretzschmar schon für die Auswanderung in die USA und er hatte vor Schäffer das erste Schiff mit Einwanderern nach Brasilien geschickt. Das war ihm umso leichter gefallen, weil die brasilianische Regierung jeder Familie 77 ha Land (220 x 3.520 m), 10 Jahre Steuererlass, Tiere, Saatgut und Startkapital versprach. Die Kosten für die Schiffsreise der Soldaten wurde von der Regierung übernommen, unter der Bedingung, dass diese sich zu 4 Jahre Wehrdienst verpflichteten.

Sao Leopoldo (1824)

Das Tal des Flusses dos Sinos in der Nähe von Porto Alegre ist als erste Siedlung für die Einwanderer gewählt worden. Dort befand sich ein altes Landgut mit einer Seilerei. Eine große Anzahl von schwarzen Sklaven produzierte Seile und Taue, hauptsächlich für den Bedarf der Marine. Die Infrastruktur war für eine provisorische Einquartierung der Einwanderer geeignet. Die ersten kamen in Rio de Janeiro mit dem Schiff „Anna Louise“ am 04.06.1824 an. Von dort reisten 38 Personen auf dem Küstenschiff „Sao Joaquim Protektor“ weiter nach Sao Leopoldo, wo sie am 23.07.1824 ankamen.

Im Jahr 1824 kamen noch zwei Schiffe mit mehr als 80 Personen und im nächsten Jahr folgten mehr als 1.000 Einwanderer in acht Schüben. Bis 1830 sind 4.838 deutsche Einwanderer nach Sao Leopoldo gebracht worden. Nachdem die Ländereien in der Nähe der Stadt besiedelt waren, sind andere Dörfer gegründet worden. So entstanden Campo Bom, Dois Irmaos und Sapiranga, alle sehr dicht beieinander.

Siedlung Três Forquilhas (1826)

Die Idee, eine deutsche Siedlung an der Küste von Rio Grande do Sul zu gründen, kam von dem Provinzgouverneur José F. Fernandes Pinheiro (1774-1847), dem Visconde de São Leopoldo. Er hatte schon die Gründung von São Leopoldo im Jahr 1824 organisiert - São Leopoldo war als erste Siedlung für die deutschen Einwanderer in Südbrasilien gewählt worden. Er hoffte, damit auch einen Hafen bauen zu können, um die Verbindung zwischen der Provinzhauptstadt Porto Alegre und der Bundeshauptstadt Rio de Janeiro zu verbessern und die Produkte der Siedlungen im Inland besser zu vermarkten.

Im Juni 1826 wurden einige Familien aus São Leopoldo ausgesucht und Leutnant Francisco de Paula Soares als Dorfaufseher der neuen Siedlung ernannt. Er verfasste zwei Listen mit insgesamt 422 Personen (77 Familien und 33 ledige Männer). Gewählt wurden die Familien, die noch kein Land zugeteilt bekommen hatten, ledige Männer, diejenigen die unzufrieden mit São Leopoldo waren, und schließlich die, die soeben mit dem Schiff „Generosa" angekommen waren.

Nach einigen Zwischenfällen sind die Siedler am 01.11.1826 in fünf kleinen Schiffen in Richtung der neuen Siedlung gestartet. Durch den Fluss Guaíba und die Laguna dos Patos sind sie bis zur Mündung des Flusses Capivari gesegelt. Von dort ging es weiter mit Ochsenkarren.

Am 17.11.1826 kamen sie in der kleinen Stadt Torres an, wo sie vorübergehend einquartiert wurden. Im Gegensatz zu São Leopoldo, wo die Parzellen nach Ankunft verteilt wurden, erfolgte hier die Aufteilung des Landes nach Konfessionen. Die 237 evangelischen Personen bekamen Land an den Ufern des Flusses Três Forquilhas, den 84 katholischen Personen wurden Parzellen zwischen den Lagunen Morro do Turvo und Jacaré zugesprochen. Sie nannten die Siedlung São Pedro de Alcantara. Wie vereinbart bekam jede Familie 77 ha Land, Tiere (Kühe, Pferde, Schweine), Saatgut (Weizen, Reis, Bohnen, Kartoffeln), Startkapital und 10 Jahre Steuererlass.

Personen, Familien und Kirche

In der alten Siedlung Três Forquilhas lebten Einwanderer aus verschiedenen Regionen Deutschlands, wobei die Mehrheit aus dem Großherzogtum Hessen-Darmstadt stammte. Nicht nur dorthin, sondern in den ganzen Süden, kamen zwischen 1824 und 1825 vorwiegend Menschen aus Hessen. Später sind die Gruppen aus Rheinland-Pfalz (Hunsrück und Alzey-Worms) immer größer geworden. Ab 1830, nach dem Sturz des Kaisers, wurde die Einwanderung verboten. Erst ab 1850 begann sie von neuem.

Karl Leopold Voges (1801-1893)

Karl Leopold Voges, Sohn von Ferdinand Voges und Anastacia Hammerstein, wurde im Jahr 1801 in Hildesheim geboren. Der Pastor Voges reiste am 27.06.1824 auf dem Schiff „Georg Friedrich" von Hamburg nach Brasilien. Am 11.10.1824 kam er in Rio an. Er war der dritte evangelische Pastor, der nach Brasilien kam und der zweite in Rio Grande do Sul. Von Rio nach dem Süden kam er auf dem Schiff „Flor de Porto Alegre" und erlitt Schiffbruch in der Lagune dos Patos.
Erst am 11.02.1825 kam er in Sao Leopoldo an. Dort unterstützte er die Arbeit des örtlichen Pastors Johann Georg Ehlers (1779-1850). Er hielt Gottesdienste am rechten Ufer des Flusses dos Sinos (Gemeinde Hamburgo Velho, Dois Irmaos, Campo Bom und Ivoti) und Pastor Ehlers übernahm das linke Ufer (Gemeinde Feitoria Velha und Sao Leopoldo). 1826 siedelte Pastor Voges als Gemeindepfarrer nach Três Forquilhas über. Er betreute jedoch weiter die Gemeinde von Dois Irmaos, wo er am 24.03.1828 Luise Elisabetha Diefentäler heiratete. Um seinen Lebensunterhalt zu sichern, bekam Voges in Três Forquilhas zwei Landparzellen, wo er sein Haus, die Kirche, die Schule und ein Geschäftshaus baute. Er starb in Três Forquilhas am 03.10.1893 nach 67 Jahren Amtszeit als Pastor.

Friedrich Dressbach (1778-1853)

Friedrich Dressbach, Sohn von Johann Conrad Dressbach (1749-1812) und Anna Margareth Lips (1743-1815), wurde am 14.01.1778 in Calbach bei Büdingen geboren. Die Familie Dressbach stammte ursprünglich aus Gründau und Brachttal-Neuenschmidten. Sie fuhr am 09.11.1824 an Bord des „Kranich“ von Hamburg nach Rio de Janeiro, wo sie am 15.01.1825 ankam. Von Rio nach Porto Alegre reiste sie mit dem Schiff „Penha“ und von dort auf einer Barkasse weiter nach Sao Leopoldo. Zusammen mit den Familien Kellermann, Strassburg und anderen kamen sie 1836 in Três Forquilhas an, auf der Flucht vor der Revolution Farroupilha. Von 1835 bis 1845 kämpften die Revolutionäre für die Unabhängigkeit der Provinz Rio Grande do Sul vom Kaisertum Brasilien heldenhaft aber erfolglos.

Der Name Dressbach nahm im Laufe der Zeit andere Schreibformen wie Dresbach, Tresbach und Trespach an. Friedrich starb zwischen 1850 und 1853, er war Vorfahre von Rodrigo und Tiago Trespach. Friedrich Dressbach war Zimmermann von Beruf, aber es ist nicht belegt, ob er eines der Häuser in Três Forquilhas gebaut hat.

Deutsche Familien in Três Forquilhas

Barth, Bauer, Beck, Becker, Brehm/Blehm, Bobsien/Bobsin/Bopsin/Popsin, Brookschmitt, Brusch/Bruske/Prusch, Dressbach/Tresbach/Trespach, Dahlbach, Dicksen, Dhein, Eberhardt, Eigenbrodt, Engel, Erling, Etterer, Fuhr, Geb, Germann, Grassmann, Gross, Hartmann, Helbig/Hellwig, Henze, Hoffmann, Jacobs, Jacoby/Jacobi, Justin, Kellermann, Klein, Klippel/Knippel, Knewitz, Knopff, Kohlein, König, Kramer, Lippert, Maier/Meyer, Mauer/Maurer, Maschmann, Marlow, Menger, Metz, Mittmann, Müller, Petersen, Pfay, Reinheimer, Rickert, Rietgeroth/Rickrot, Seim, Schmitt, Schneider, Sparremberger/Spannemberg, Saul, Schwarzhaupt, Schütt, Steinmetz, Stollenberg, Strach, Strassburg, Stahlbaum, Sonntag, Wasmer/Bausemer, Wetter, Weckmann, Witt, Wolff, Tietboehl, Triesch, Veeck, Voges und Zinkgraf.

Túnel do Tempo

ÁLBUM DE FAMÍLIA

A Bandinha Dressbach comandou por mais de 30 anos o programa *Uma família em harmonia* da Rádio Progresso

Passageiros no Kranich

A saga da família Dressbach (que no Brasil ganhou também as versões Dresbach, Tresbach e Trespach) está sendo escrita por um dos descendentes do patriarca brasileiro desse nome, o carpinteiro Friedrich Dressbach. Originários da pequena localidade alemã de Calbach, próxima de Büdingen (Hessen), Friedrich, seus oito filhos e sua segunda mulher Anna Christina Kämpf chegaram a São Leopoldo em 9 de março de 1825, há 182 anos. O livro – *Passageiros no Kranich* –, de autoria de Rodrigo Trespach, será lançado no mês que vem em reunião familiar que será realizada em Osório (RS). O livro dará atenção à vocação musical da família: o bisneto de Friedrich, Alberto Dressbach, nascido em Sapiranga em 1889, inaugurou essa faceta artística. Casado com Helga Olga Lindner, ensinou música aos nove filhos. Por volta de 1927 organizou sua própria pequena orquestra, o que depois viria a ser a conhecida como Bandinha Dressbach, com os filhos utilizando os instrumentos fabricados pelo pai. Em 1950, Milton Vergara Guimarães, então diretor da Rádio Progresso de São Leopoldo, convidou o maestro Alberto Dressbach para animar um programa bissemanal na emissora. O nome do programa – *Uma família em harmonia* – traduz o sentido da banda e da união familiar. Alberto Dressbach faleceu em Novo Hamburgo em 23 de setembro de 1957. O programa na Rádio Progresso seguiu até 1983.

Contribuição de Rodrigo Trespach, de Osório (RS)

Quelle: Almanaque Gaucho, 2007

Familie von Alfredo Trespach (1901-1947): Alfredo Trespach, Ehefrau Olinda Schumacher und 3 Kinder, 1940.
Archiv von Sidonia Klagenberg Trespach.

Grab von Jacobine Dressbach (1820-1912), geb. 1820 Calbach bei Büdingen, Tochter von Friedrich Dressbach (1778-1850), auch Auswanderer aus Büdingen (Jacobine Dressbach hier „Joaquina Trespach"). Foto: Danilo Klippel.

Evangelisch-lutherische Kirche

Im 19. Jahrhundert war Brasilien offiziell ein katholisches Land. Der deutschen Bevölkerung evangelischen Glaubens war es nicht gestattet, ihren Glauben öffentlich zu praktizieren und die Kirchen durften kein Kreuz zeigen. Die evangelische Bevölkerung von Três Forquilhas (Lutheraner und Reformierte) versammelte sich ohne die Unterstützung der Regierung um Pfarrer Karl Leopold Voges (1801-1893), der zu keiner Kirchenhierarchie in Deutschland gehörte. Erst im 20. Jahrhundert verband sich die evangelische Gemeinde von Três Forquilhas mit der evangelisch-lutherischen Kirche Brasiliens (IECLB – Igreja Evangelica de Confissao Luterana no Brasil). Im Jahr 1942, als Brasilien an der Seite der Alliierten im 2. Weltkrieg kämpfte, wurden die Gottesdienste und der Schulunterricht in deutscher Sprache verboten. Ein Teil der auf Deutsch geschriebenen Tauf-, Heirats- und Sterbeurkunden, die sich in der Kirche von Três Forquilhas befanden, wurde vernichtet. Es existieren weder Heirats- noch Sterbeurkunden aus den Jahren 1826 bis 1850. Das erschwert die Geschichtsforschung der deutschen Einwanderung. Auch der Friedhof wurde geschändet, viele Grabsteine mit deutschen Inschriften wurden zerschlagen.

Die Häuser

Die Mehrheit der Menschen, die sich in Três Forquilhas angesiedelt hatten, kam aus Hessen, Hunsrück, Mecklenburg und Baden-Württemberg. Sie brachten ihre Bautechnik mit und ergänzten sie mit portugiesischen Elementen, um mit den vorhandenen Materialien arbeiten zu können. Die Siedlung besaß damals nur zwei deutsche Bauhandwerker (Zimmerer, Maurer), Phillip Peter Gross (1797-?) aus Birkenfeld, Hunsrück, und Friedrich Dressbach (1778-1853) aus Büdingen, Hessen. Der wichtigste Konstrukteur war jedoch der portugiesische Maurer Jose Pereira de Souza (1821-1888) von den Azoren. Er heiratete 1850 die Tochter von Gross und war der Erbauer des Hauses von Pastor Voges. Somit haben die Häuser in Três Forquilhas sowohl deutschen als auch portugiesischen Einfluss.

Haus von Pastor Voges

Das Haus von Pastor Voges ist das älteste Haus in Três Forquilhas, gebaut 1850. Verschiedene Umbaumaßnahmen haben im Laufe der Jahre den Stil des Hauses geschädigt. Der größte Eingriff geschah, als das Obergeschoss baufällig wurde und abgetragen werden musste. Die Dachziegel, Türen und Fenster sind original, nur der Türgriff, der noch aus Deutschland stammte, wurde 1980 an einen Sammler verkauft. Leider ist das Fachwerk durch Putz verdeckt.

Das Gebäude wurde vom Maurer de Souza errichtet. Trotz des typischen portugiesischen Einflusses weist die Dachkonstruktion ein in Brasilien selten verwendetes Element auf: eine Fußpfette.

Ursprünglich hatte das Haus im Erdgeschoss fünf Zimmer und einen Raum für den Verkauf von Waren. Im Obergeschoss war die Schule untergebracht. Das Haus hatte etwa 260 m^2 Fläche, heute, ohne das Obergeschoss, sind es nur 165 m^2, die längste Seite misst 23,5 m. Pastor Voges, der bis zu seinem Tod das Pfarramt innehatte, benutzte das Haus als Geschäftshaus und Schule. Bis zur Fertigstellung der Kirche wurden dort auch Gottesdienste gehalten. Heute ist es im Besitz der Familie Jairo Schmitt Blehm.

Haus der Jacoby (1853)

Gebaut 1853 in Boa Uniao, einem Ort etwas entfernt von Três Forquilhas, für die Familie von Johann Peter Jacoby (1819-1898). Er war der Sohn der Einwanderer Johann Peter Jacoby und seiner ersten Frau Maria Elisabeth Lemenstein. Beide stammten aus Leimbach (Landgrafschaft Hessen-Homburg) und kamen 1826 nach Brasilien. Ursprünglich waren sie Bauern, haben sich in Três Forquilhas aber dem Kommerz gewidmet und wurden eine der einflussreichsten Familien der Region.

Das Obergeschoss war für Bälle und Feste vorgesehen. Im Erdgeschoss befanden sich Schlafräume und ein großer Saal. Die Küche wurde, nach portugiesischer Sitte, in einem Nebengebäude hinter dem Haus untergebracht. Die Haustür, mit Intarsien und Klinker, ist noch original aus der Epoche. Sie ist heute ein

Anziehungspunkt für Besucher. Das Haus gehört der Familie Strassburg.

Haus von Karl Kellermann

Das Haus wurde 1858 von Karl Kellermann aus Allenbach, Hunsrück, gebaut. Er war der Sohn von Friedrich Kellermann und Maria Catharina Kuper. Beide kamen 1825 nach Brasilien.

Es wurde 1945 saniert und ist in sehr gutem Zustand, obwohl das Fachwerk nicht mehr sichtbar ist. Es gehört Ilma Kellermann-Strassburg, 74 Jahre alt, der Urenkelin des Erbauers.

Feigenbaum-Bauernhof oder Haus von Carlos Jacoby

Der Feigenbaum-Bauernhof gehörte ursprünglich dem Notar und Standesbeamten Carlos Jacoby (1830-1881), Sohn des Einwanderers Johan Peter Jacoby und seiner zweiten Frau Barbara Helbig. Heute ist der Hof im Besitz des Ehepaares Elio E. Müller und Doris Bobsin Voges. Elio Müller war zwischen 1969 und 1975 Gemeindepfarrer und schrieb zwei Bücher über die Geschichte der Region.

Das Haus, neben einem großen Feigenbaum gebaut, war Zeuge vieler wichtiger politischer Ereignisse. Borges de Medeiros und Getulio Vargas - der Gouverneur von Rio Grande do Sul und der zukünftige Präsident der Republik - haben sich 1920 dort getroffen. Damals gehörte das Haus Carlos Frederico Voges Sobrinho (1862-1953), Enkel des Pastors und Urgroßvater des heutigen Besitzers.

Das Haus wurde zwischen 1855 und 1865 erbaut und kam zur Familie Voges durch die Eheschließung von Filipina Rosina Schmitt (1832-1913), Witwe von Carlos Jacoby, mit Adolfo Felipe Voges (1835-1912) im Jahre 1882. Es ist ein historisches Denkmal der deutschen Einwanderung in Rio Grande do Sul. Nicht nur seine Architektur ist von großer Bedeutung, es beherbergt auch die Archive der Familie Voges, eine der einflussreichsten Familien der Region während des 19. Jahrhunderts. Die Bibliothek besitzt seltene Exemplare, vorwiegend Bücher der evangelischen Kirche, wie „Biblischer Spruch und Schatzkästchen, gesammelt aus

Dr. M. Luthers Schriften“ aus dem Jahr 1835. Es gehörte Pastor Voges und diente der Vorbereitung seiner Predigten und des Konfirmationsunterrichts. Im Haus sind noch viele Gegenstände aus vergangenen Zeiten wie Wanduhr, Fernglas, Schiefertafel, Waffen, Reitsättel usw. und es kann als ein Privatmuseum betrachtet werden.

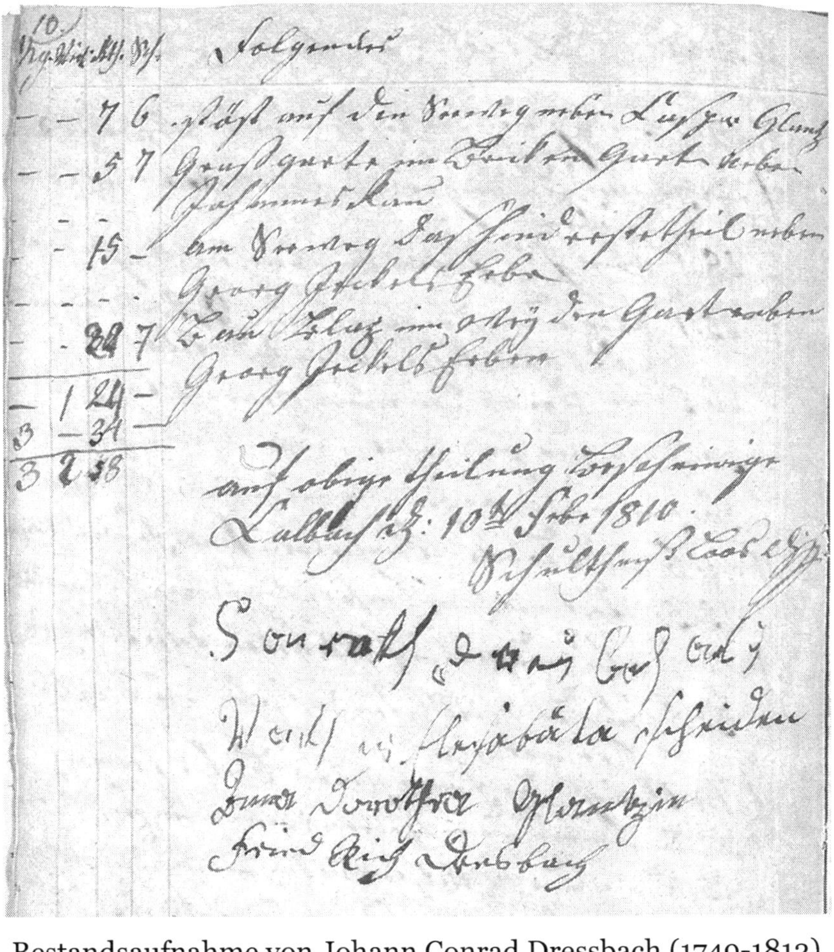

Bestandsaufnahme von Johann Conrad Dressbach (1749-1812),
Akte Büdingen E9 09723 HStD, Deutschland.

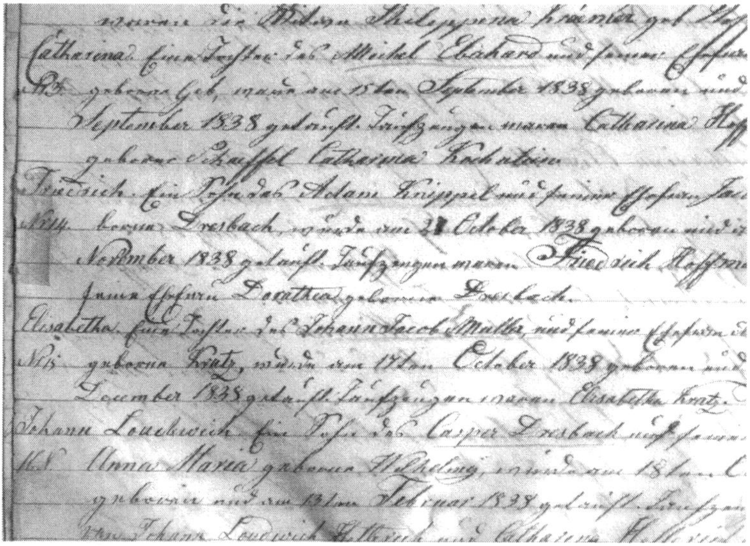

waren die Wittwe Philippina Kramer geb. [illegible]
Catharina eine Tochter des Michel Eberhard und seiner Ehefrau [illegible]
N.13 geborne [illegible], wurde am 15ten September 1838 geboren und
September 1838 getauft. Taufzeugen waren Catharina Hoff[illegible]
geborne Schauffel Catharina Kochstein
Friedrich ein Sohn des Adam Knippel und seiner Ehefrau [illegible]
N.14 borne Dresbach, wurde am 21 October 1838 geboren und
November 1838 getauft. Taufzeugen waren Friedrich Hoffm[illegible]
seine Ehefrau Dorothea geborne Dresbach.
Elisabetha eine Tochter des Johann Jacob Müller und seiner Ehefrau [illegible]
N.15 geborne Kratz, wurde am 17ten October 1838 geboren und
December 1838 getauft. Taufzeugen waren Elisabetha Kratz.
Johann Louidwich ein Sohn des Caspar Dresbach und seiner [illegible]
N.16 Anna Maria geborne [illegible], wurde am 18ten [illegible]
geboren und am 13ten Februar 1839 getauft. Taufzeugen
[illegible] Johann Louidwich [illegible] und Catharina [illegible]

Taufe von João Luiz Trespach (1838-1917)
am 13.02.1839, Três Forquilhas. Er war der Sohn von Johann
Heinrich Caspar Dressbach (1800-1843), geb. in Calbach.
Kirchenbuch der ev. Kirchengemeinde Três Forquilhas.
Foto: Tiago Trespach.

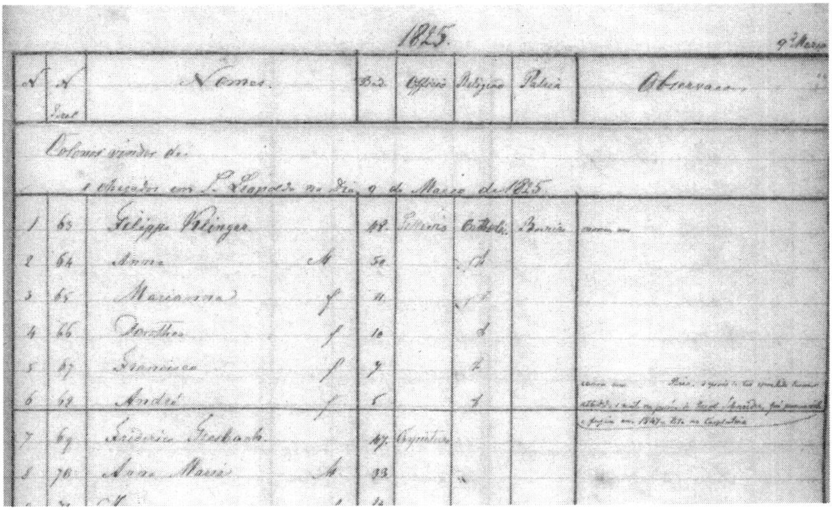

Das Allgemeine Register der von 1824 bis 1853 in São Leopoldo angekommenen Einwanderer wurde von Johannes Daniel Hillebrand erstellt. Historisches Archiv des Bundesstaates Rio Grande do Sul, Porto Alegre.
Foto: Rodrigo Trespach, 2006.

Zur Erinnerung an den Tag der Konfirmation

Josef Anton Trespach

geboren .... getauft .... konfirmiert am ....

in der .... Kirche zu ....

TYPOGRAPHIA MERCANTIL PORTO ALEGRE

Zur Erinnerung an den Tag der Konfirmation 1939 von José Antonio Trespach (1927-2002). Archiv von Sidonia Klagenberg Trespach. Foto: Tiago Trespach.

Historische Karte deutscher Kolonien in Südbrasilien von 1905.
Quelle: wikipedia.org/wiki/File:Kolonien_Suedbrasilien.png

Familien	Geb.	Beruf	Ort	Auswande-rung	Schiff	Einwanderung Brasilien
BECK, Johannes mit Ehefrau Juliana Voges (*1790) und 4 Kinder	1782	Zimmer-mann	Geln-haar	09.11.1824 Hamburg	Kranich (1. Reise) Hauptmann Claus Friedrich Becker	15.01.1825 Rio de Janeiro 21.05.1825 São Leopoldo
BECK, Johannes mit Ehefrau Elisabeth Seibert und 4 Kindern	22.01.1775 † 26.01.1865 Lomba Grande	Zimmer-mann	Geln-haar	09.11.1824 Hamburg	Kranich (1. Reise) Hauptmann Claus Friedrich Becker	15.01.1825 Rio de Janeiro 21.05.1825 São Leopoldo
BECK, Johann Ernst mit Ehefrau Anna Maria Blumm aus Wernings. Er verh. 1 02.06.1825 São Leopoldo mit Blumm; verh. 2 17.03.1844 mit Magdalena Schopp; verh. 3 19.02.1858 mit Felicidade Maria da Conceição. Blumm (*09.05.1804, † 14.08.1842 Lomba Grande) war Tochter von Johann Conrad Blumm und Catharina Hirschröder, siehe unten.	05.10.1797	?	Geln-haar	09.11.1824 Hamburg	Kranich (1. Reise) Hauptmann Claus Friedrich Becker	15.01.1825 Rio de Janeiro 21.05.1825 São Leopoldo

BLUMM, Johann Conrad mit Ehefrau Anna Catharina Hirschröder und 3 Kindern	14.12.1782 †06.09.1852	Ackers- mann, Bäcker	Wer- nigs	09.11.1824 Hamburg	Kranich (1. Reise) Hauptmann Claus Friedrich Becker	15.01.1825 Rio de Janeiro 21.05.1825 São Leopoldo
BÖCKEL/BECKEL, Christian Peter mit Ehefrau Amalia Christina Hilss und 2 Kindern	24.11.1780	Nadler, Ackers- mann	Liß- berg	09.11.1824 Hamburg	Kranich (1. Reise) Hauptmann Claus Friedrich Becker	15.01.1825 Rio de Janeiro 29.06.1825 São Leopoldo
BRENNING, Thomas ledig	1793	Stein- hauer	Berg- heim	27.6.1824 Hamburg	Georg Friedrich (1. Reise)	11.10.1824 Rio de Janeiro 11.02.1825 São Leopoldo
BRUCKMAYER, Johann Ernst Franz mit Ehefrau Christina Rubing (*1779).	1779	Gärtner	Lind- heim	17.01.1825 Hamburg	Caroline (2. Reise)	05.04.1825 Rio de Janeiro 06.11.1825 São Leopoldo
DAHMER, Heinrich Wilhelm (Vater) mit Ehefrau Anna Maria Callbein (*21.04.1777 †16.07.1848 Dois Irmãos) und 6 Kindern	18.07.1777 †10.08.1852 Dois Irmãos	Schmied	Ran- stadt	09.11.1824 Hamburg	Kranich (1. Reise) Hauptmann Claus Friedrich Becker	15.01.1825 Rio de Janeiro 21.05.1825 São Leopoldo

DAHMER, Heinrich Wilhelm mit Ehefrau Anna Catharina Mandel (*Ober-Schmitten, †21.08.1838 Dois Irmãos). Sie verh. 28.06.1825 São Leopoldo	26.12.1800	Schmied	Ran- stadt	09.11.1824 Hamburg	Kranich (1. Reise) Hauptmann Claus Friedrich Becker	15.01.1825 Rio de Janeiro 21.05.1825 São Leopoldo
DECKMANN, Johannes mit Ehefrau Maria Barbara Brack und Kind Catharina E. Dorothea und Mutter Anna Christina Mertz (*1767, †28.02.1844 Lomba Grande), Witwe v. Johann G. Deckmann	30.4.1804 †30.12.1874 São Leopoldo	Zimmer- mann, Bäcker	Blei- chen- bach	09.11.1824 Hamburg	Kranich (1. Reise) Hauptmann Claus Friedrich Becker	15.01.1825 Rio de Janeiro 21.05.1825 São Leopoldo
DIEFENBACH, Johann Heinrich Daniel mit „Dienstmagd“ (?) Catharina Lang (*24.06.1801 Bellersheim, Tochter v. Christian Lange und Elisabeth Jacobi) und 1 Sohn (Heinrich Daniel, *1814 Berstadt). Catharina Lang verh. 2 09.12.1827 São Leopoldo mit Carl Zimmermann	1780/1782 †28.05.1853 in Armut, auf Wanderschaft	Ackers- mann	Fried- berg/ Ranstadt	09.11.1824 Hamburg	Kranich (1. Reise) Hauptmann Claus Friedrich Becker	15.01.1825 Rio de Janeiro 21.05.1825 São Leopoldo
DÖRING, Heinrich mit Ehefrau Catharina Elisabeth Dietrich mit 2 Kindern und Johann Heinrich Schulze Sie verh. 2 25.12.1825 mit Johann Daniel Schäffer	? † 1825 auf dem Ozean	?	Stock- heim	17.01.1825 Hamburg	Caroline (2. Reise)	05.04.1825 Rio de Janeiro 15.11.1825 São Leopoldo

DRESSBACH, Friedrich mit Ehefrau Anna Christina Kämpf und 7 Kindern und Schwager Jacob Kämpf	14.01.1778	Zim-mer-mann	Cal-bach	09.11.1824 Hamburg	Kranich (1. Reise) Hauptmann Claus Friedrich Becker	15.01.1825 Rio de Janeiro 09.03.1825 São Leopoldo
DRESSBACH, Johann Heinrich Caspar mit Ehefrau Anna Elisabeth Wilhelm aus Ober-Seemen	14.04.1800	Zim-mer-mann	Cal-bach	09.11.1824 Hamburg	Kranich (1. Reise) Hauptmann Claus Friedrich Becker	15.01.1825 Rio de Janeiro 01.10.1829 São Leopoldo
FEY, Conrad mit Ehefrau Margaretha Mandel (*1779) und 3 Kindern. Sie verh. 2 mit Peter Sieben	1776 † vor April 1825 Rio de Janeiro	Ackers-mann	Wallern-hausen	09.11.1824 Hamburg	Kranich (1. Reise) Hauptmann Claus Friedrich Becker	15.01.1825 Rio de Janeiro 21.05.1825 São Leopoldo
FOERNGES, Heinrich Engelhard mit Ehefrau Wilhelmine Kämpf (†07.04.1825 Rio de Janeiro) und 2 Kindern In der Schiffsliste der Kranich: „Engelhard Purches aus Kestenrod“ mit „Ehefrau Wilhelmine Rieb“. Foernges, oder Purches, verh. 2 Maria Catharina Zang.	29.09.1783 †01.08.1871 Estância Velha	Land-mann	Kefen-rod	09.11.1824 Hamburg	Kranich (1. Reise) Hauptmann Claus Friedrich Becker	15.01.1825 Rio de Janeiro 21.05.1825 São Leopoldo

FRITZ, Conrad Michael mit Ehefrau Elisabeth Rullmann (*1780) und 9 Kindern verh.17.06.1802 Gedern	27.3.1779 †04.07.1846 São Leopoldo	Schnei- der	Gedern	09.11.1824 Hamburg	Kranich (1. Reise) Hauptmann Claus Friedrich Becker	15.01.1825 Rio de Janeiro 21.05.1825 São Leopoldo
FRITZ, Catharina Christina, ledig Tochter von Conrad Michael Fritz und E. Rullman. Sie verh. 30.09.1828 mit Johann Peter Cassel aus Rathsweiler	28.09.1806 †02.06.1880 Santa Maria	?	Gedern	09.11.1824 Hamburg	Kranich (1. Reise) Hauptmann Claus Friedrich Becker	15.01.1825 Rio de Janeiro 17.02.1827 São Leopoldo
GERHARD, Conrad mit Ehefrau Elisabeth Flaggen (Witwe von Heinrich Braescher) und 3 Kindern (Söhne von Braescher)	1765	?	We- nings	09.11.1824 Hamburg	Kranich (1. Reise) Hauptmann Claus Friedrich Becker	15.01.1825 Rio de Janeiro 29.06.1825 São Leopoldo
HOEHER / HOHER, Johann Peter mit Ehefrau Catharina Becker	1807	?	Duden- rod	?	?	18.06.1829 São Leopoldo
HOFFMANN, Jacob mit Ehefrau Maria Christina Niess (*1782)	1771	Weber	Unter- Lais	09.11.1824 Hamburg	Kranich (1. Reise) Hauptmann Claus Friedrich Becker	15.01.1825 Rio de Janeiro 21.05.1825 São Leopoldo

JÄGER, Johann Georg mit Anna Catharina Hirn und 3 Kindern	1792	Ackers- mann	Duden- rod	09.11.1824 Hamburg	Kranich (1. Reise) Hauptmann Claus Friedrich Becker	15.01.1825 Rio de Janeiro
JUNG, Johann Carl mit Ehefrau Anna Cunnegunda Scheller und 4 Kindern (* Nieder-Seemen)	04.03.1771 †14.08.1858 Lomba Grande	Zim- mer- mann	Ranstadt, Nieder- Seemen	09.11.1824 Hamburg	Kranich (1. Reise) Hauptmann Claus Friedrich Becker	15.01.1825 Rio de Janeiro 09.03.1825 São Leopoldo
KRUMM, Georg mit Ehefrau Anna Maria Neumann und 3 Kindern	22.2.1782	?	Calbach	16.11.1825 Hamburg	Caroline (3. Reise?)	26.02.1826 Rio de Janeiro 17.04.1826 São Leopoldo
LENGNER / LEGNER / LINGNER, Johann mit Ehefrau Anna Maria Emmerich (†20.06.1825) und 2 Kindern	1787 †01.05.1824 Feitoria Velha	Zim- mer- mann	Glashüt- ten	19.11.1824 Hamburg	Caroline (2. Reise?)	05.04.1825 Rio de Janeiro 21.05.1825 São Leopoldo
MEYER, Andreas Christoph ledig	1791	Bäcker	Rei- chels- heim	24.03.1824 Hamburg	Anna Louise (1. Reise)	04.06.1824 Rio de Janeiro ca. 12.08.1824 São Leopoldo

MOOG, Johannes (verh. 1 mit Anna Elisabeth Kling) mit 2. Ehefrau Elisabeth Wachter und 4 Kindern Sie verh. 2 mit Conrad Ruppel, siehe unten	1794 †06.12.1830 São Leopoldo	Maurer	Gedern	09.11.1824 Hamburg	Kranich (1. Reise) Hauptmann Claus Friedrich Becker	15.01.1825 Rio de Janeiro 09.03.1825 São Leopoldo
MORSCHEL, Heinrich verh. mit Francisca Lauermann, Tochter von Johann Lauermann	1796 †1835-1845 Picada	Wagner	Ober-Mörlen	17.12.1823 Hamburg	Caroline Hauptmann v. d. Wettern	14.04.1824 Rio de Janeiro 07.03.1829 São Leopoldo
MÜHLHAUSEN, Johann Heinrich ledig Er ist der uneheliche Sohn der Anna Elisabetha Mühlhausen. Der Vater soll angeblich ein Christian Vogel aus Böss-gesäss sein. Er verh. mit Maria Elisabeth Scherer, *1800 Seesbach. Mühlhausen lebte in Picada do Rio Cadeia um 1848	06.05.1803	Schmied	Ober-Seemen	20.08.1825 Hamburg	Georg Friedrich (2. Reise)	20.11.1825 Rio de Janeiro 07.03.1829 São Leopoldo
NAGEL, Peter Nicolaus mit Anna Christina Repp/Ropp und 5 Kindern Sie verh. 2 Johann Gottlieb Schäffer und verh. 3 09.12.1839 Johann Peter Holbom	1777 †1833	Sattler	Eichels-dorf	09.11.1824 Hamburg	Kranich (1. Reise) Hauptmann Claus Friedrich Becker	15.01.1825 Rio de Janeiro 21.05.1825 São Leopoldo

RITZEL, Conrad mit Ehefrau Anna Margaretha Hund (†09.10.1842 São Leopoldo) und 4 Kindern Sohn von Lorenz Ritzel und Anna Maria Hern; verh. 2 mit Anna Margaretha	06.11.1791 †02.02.1867	Ackers- mann	Bind- sachsen	17.01.1825 Hamburg	Caroline	05.04.1825 Rio de Janeiro 29.06.1825 São Leopoldo
RUPPEL, Conrad ledig, Soldat des 28. Jägerbataillons, „Bataillon des Teufels" 1825-1829 Verh. 02.03.1831 mit Elisabeth Wachter, Witwe von Johannes Moog	?	Schnei- der	Gedern	?	?	22.12.1829 São Leopoldo
SCHEIBEL, Heinrich ledig Verh. 27.08.1830 mit Catharina Sehn	1800	Fass- binder	Ober- Mörlen	29.02.1824 Hamburg	Caroline (1. Reise)	14.04.1824 Rio de Janeiro 07.03.1829 São Leopoldo
SCHMIDT, Christian ledig, Soldat des 3. Grenadier-Bataillons (RJ), Sohn von Joseph Schmidt und Barbara Schneider; verh. 05.04.1829 mit Anna Catharina Fuchs	1801	Schu- macher	Büdin- gen	15.07.1828 Bremen	Louise	20.10.1828 Rio de Janeiro 07.03.1829 São Leopoldo
SCHUBKEGEL, Johann Georg mit Ehefrau Catharina Beck aus Gelnhaar und Anna Maria Lanz (Mutter, Witwe von Balthasar Schubkegel aus Nieder-Moos), Johann Christian Lanz (Neffe von Anna Maria Lanz) und 1 Kind	18.11.1796	Schnei- der	Ober- Seemen	09.11.1824 Hamburg	Kranich (1. Reise)	15.01.1825 Rio de Janeiro 29.06.1825 São Leopoldo

SCHUBKEGEL, Johann Heinrich ledig verh. 17.01.1832 mit Christina Moog aus Gedern, Tochter von Johannes Moog, siehe oben	22.02.1811 †09.07.1885 Lamba Grande	Soldat	Ober-Seemen	09.11.1824 Hamburg	Kranich (1. Reise)	15.01.1825 Rio de Janeiro 18.06.1829 São Leopoldo
SCHWARTZHAUPT, Johannes mit Ehefrau Margaretha Ackersmann und 1 Kind	1795 † vor 1853	Tage-löhner	Ranstadt	09.11.1824 Hamburg	Kranich (1. Reise)	15.01.1825 Rio de Janeiro 09.03.1825 São Leopoldo
STEUERNAGEL, Georg	16.11.1823	?	Calbach	Hamburg	Fame	Porto Alegre São Leopoldo 16.11.1851
STREB, Conrad mit Ehefrau Anna Margaretha Herz/ Herzinger und 5 Kindern (1 † vor Ein-wanderung)	1788	Ackers-mann	Wallern-hausen/ Steinheim	09.11.1824 Hamburg	Kranich (1. Reise)	15.01.1825 Rio de Janeiro 29.06.1825 São Leopoldo
TRIESCH, Johann Georg Heinrich ledig Verh. mit Catharina Maria Elisabeth Fuhr aus Meckenroth. Sie hatten 11 Kinder.	30.09.1799	?	Wenings	?	?	1825 oder 1826

WECKMANN, Johannes mit Ehefrau Catharina Dersbach/Temmpers (11.12.1795 Bellersheim, †14.06.1825 São Leopoldo) und 3 Kindern (1 † vor Einwanderung). Er war Sohn von Johann Georg Weckmann und Anna Barbara Lenger; verh. 2 1833 Catharina Scheffel.	1778	Ackersmann	Wohnbach	09.11.1824 Hamburg	Kranich (1. Reise)	15.01.1825 Rio de Janeiro 21.05.1825 São Leopoldo
WINTER, Johann Christian mit Ehefrau Sophia Hoffmeister/Hoffmann (†1829) und 4 Kindern: Johannes, Anna Maria, Amalia und Anna Maria Magdalena. Christian Winter war Sohn von Johann Peter Winter und Anna Elisabetha Jöckel.	29.05.1781 †15.09.1865 Lamba Grande	Ackersmann	Ober-Seemen	09.11.1824 Hamburg	Kranich (1. Reise)	15.01.1825 Rio de Janeiro 21.05.1825 São Leopoldo

Quellen:

Handschriften:

C-333, das Allgemeine Register der von 1824 bis 1853 in São Leopoldo angekommenen Einwanderer wurde von Johannes Daniel Hillebrand erstellt. AHRS – Arquivo Histórico do Estado do Rio Grande do Sul (Historisches Archiv des Bundesstaates Rio Grande do Sul), Porto Alegre, Brasilien.

Bekanntmachungen der Regierungen (Listen von Schiffen und Einwanderern). AHRS – Arquivo Histórico do Estado do Rio Grande do Sul (Historisches Archiv des Bundesstaates Rio Grande do Sul), Porto Alegre, Brasilien.

Kirchenbücher der evangelischen Kirchengemeinden von Campo Bom, Hamburgo Velho, Novo Hamburgo, Sapiranga, São Leopoldo und Três Forquilhas Tal.

Literatur:

Hunsche, Carlos Henrique: O biênio 1824-1825 da Imigração e Colonização Alemã no Rio Grande do Sul - Província de São Pedro. Porto Alegre, Verlag Nação, 1975.

Hunsche, Carlos Henrique: O ano de 1826 da Imigração e Colonização Alemã no Rio Grande do Sul. Porto Alegre, Verlag Metrópole, 1977.

Hunsche, Carlos Henrique und Astolfi, Maria: O quadriênio 1827-1830 da Imigração e Colonização Alemã no Rio Grande do Sul. Porto Alegre, Verlag G&W, 2004.

Lemos, Juvêncio Saldanha. Os Mercenários do Imperador – A primeira corrente imigratória alemã no Brasil (1824-1830). Porto Alegre: Palmarinca, 1993.

Mahrenholtz, Hans: Auswanderungen nach Brasilien in den Jahren 1823, 1824 und 1825. Zeitschrift Norddeutsche Familienkunde, 1963.

Rosa, Gilson Justino: Imigrantes alemães 1824-1853 - (Códice C-333). Porto Alegre, Verlag EST, 2005.

Trespach, Rodrigo: Passageiros no Kranich. Porto Alegre, Verlag Alcance, 2007.

Trespach, Rodrigo: Borger, Justin, Schmitt e outras famílias de origem germânica. Florianópolis, Verlag Secco, 2010.

Trespach, Rodrigo: De Heimersheim/Alzey para o Litoral Norte Gaúcho - Borger e Justin e seus ancestrais na Alemanha. In: Huyer, Nilza Ely (Org.). Dom Pedro de Alcântara: marcas do tempo. Porto Alegre, Verlag EST, 2010, S.152-160.

Verzeichnis der Büdinger Auswanderer

aus dem Büdinger Stadtarchiv

Verzeichnis der Auswanderer nach Amerika (wenn nicht anders angegeben)

Name	Vorname	Geb.	Ausw.	Beruf	Anmerkungen
Aulendiebach					
Dittmann	Heinrich				
Flach	Katharine	1836			
Naumann	Georg		1847		
Aufgrund fehlender Akten sind keine weiteren Auswanderer zu finden.					
Büches					
Bartmann	Christoph	1783	1831	Ackermann	
Glanz	Katharine	1874	09.02.1885		aus Calbach
Grün	Wilhelm	1790	1847	Leinweber	aus Wolf, mit Familie
Kuhn	Heinrich	1840		Landwirt	aus Stockheim
Liebhold	Reinhard	1865	06.03.1885	Taglöhner	
Mäser	Adam	1811	1851	Leinweber	
Martin	Georg	1800	1852	Ackermann	mit Familie
Martin	Peter	1827	1851	Taglöhner	
Ort	Wilhelm Wwe.	1847			mit Familie
Schneider	Adam	1837	16.10.1884		aus Wittgenborn, mit Frau und 4 Kindern
Schneider	Margarethe	1865	06.04.1884		
Schnuth	Heinrich	1833	09.02.1885	Müller	aus Düdelsheim, mit Frau
Wacker Peter		1827	1862	Taglöhner	mit Frau und 3 Kindern

Name	Vorname	Geb.	Ausw.	Beruf	Anmerkungen
Büdingen					
Adolph	Anna Maria		15.07.1838		
Adolph	Friedr. Wilh.		15.07.1838		
Adolph	Johannes	1790	24.03.1838	Handarbeiter	mit Frau und 6 Kindern
Albert	Ernst	1781	1838	Metzger	Witwer mit 2 Töchtern
Albert	Wilhelm		24.03.1882		
Altmann	Friedrich	1834	1858	Schneider	
Appel	Georg Wilhelm	1798	24.03.1838	Strumpfweber	mit Frau und 5 Kindern
Appel	Ph. Hartmann		1858		
Bechtler	Friedrich	1829	1860	Nagelschmied	nach Afrika
Bechtler	Georg Friedrich	1800		Nagelschmied	
Bechtler	Konrad		12.04.1851		
Bernhard	Carl		14.07.1838		
Bernhard	Elisabeth Cath.		15.07.1838		
Bernhard	Joh. Martin		14.07.1838		
Bernhard II	Johannes	1798	24.03.1838	Maurer	mit Frau und 5 Kindern
Bernhard	Joh. Georg	1801		Maurer	
Beyer	Carl	1825	1856		Sohn von J. Konrad Beyer
Beyer	Johann		13.05.1854		
Beyer	J. Konrad	1794	1856		
Birkenstock	Johannes		1854		
Büchsenschütz	Anna Catharina		04.10.1854		
Büchsenschütz	Joh. Christian	1804	1834	Kaufmann	
Busch	Jakob	1781		Kuhhirte	

Name	Vorname	Geb.	Ausw.	Beruf	Anmerkungen
Büdingen					
Deckmann (Diekmann)	Carl Salomon	1808	1838	Schuhmacher	mit Frau und 4 Kindern
Decouy (Decoux)	Christian		10.02.1882		
Dietrich	Joh. Georg		26.11.1826		+ 09.09.1845 Pittsburgh
Döring	Georg Daniel	1841	1859	Bäckergehilfe	
Eberling	Heinrich		1898		
Eckart	Heinrich	1826	1858	Sattler	
Eckert	Wilhelm			Küfer & Barbier	nach Afrika
Eckert	Wilhelm	1816	10.06.1854	Sattler	
Ellenberger	Friedrich	1831	12.02.1851		
Ellenberger	Karl	1841	1857		
Engel	August Wwe.	1813	1858		
Engel	Heinrich	1774		Taglöhner	aus Geiler
Engel	Joh. August		1890	Kirchendiener	mit Frau Karoline, geb. Schunk und 4 Kindern
Engel I	Johannes	1788	24.03.1838	Leinweber	mit Frau und 5 Kindern
Falkenstein	Philipp	1806		Schneider	heimlich entfernt
Fassbinder	Joh. Carl		25.11.1818		+ 09.04.1869 Alleyhany
Fassbinder II	Karl	1819	1858	Bäcker	
Flach	Friedrich	1800		Landger.gehilfe	aus Nauheim
Gambs	Franz Heinr.	1841	1856		
Gambs	Ferdinand	1839	1856		
Geiss	Wilhelm		1873		mit Frau Joh. Elisabeth, geb. Lieber

Name	Vorname	Geb.	Ausw.	Beruf	Anmerkungen
Büdingen					
Germer	Wilhelms Frau	1815	1857		mit Sohn
Geyer	Johannes		1866		mit Frau
Göhring	Carl		06.03.1841		
Gömmer	Martin	1822	1884		mit Frau Katharine, geb. Franz, und 3 Kindern
Gömmer	Philipp	1859	1884		mit Frau Dorothea, geb. Schnuth, und 1 Kind
Goll	Caspar	1833	1862		
Goll	Heinrich		19.05.1850		
Gossman (Gassmann)	Melchior	1829	1858	Handarbeiter	
Grünebaum	Abraham		1865		aus Calbach, mit 4 Kindern
Gübner	Joh. Georg		1841		mit Frau und 1 Kind
Güppner	Christian	1800	1833	Schneider	
Gütner	Carl Wwt.	1771	1836	Hebamme	
Gutmann	Philipp	1843	1884		mit Frau Katharina, geb. Wenzel, und 7 Kindern
Gutmann II	Wilhelm	1830	1857	Bäcker	mit Frau
Haar	Henrich Phil.	1809	1859	Landwirt	
Haar	Henry M.	1841			+ 1910 New Rochell
Haar	Ludwig	1846	1861		
Haas	Andreas	1840	1857	Schuhmachergeselle	
Heilmann	Konrad	1816	1858	Handarbeiter	mit Frau
Heinemann	Gottfried		25.01.1849		

Name	Vorname	Geb.	Ausw.	Beruf	Anmerkungen
Büdingen					
Hampel	Karl	1833	1856		
Hensel	Georg	1828	1854	Metzger	mit Familie
Hensel	Georgs Frau	1829	1856		mit Kind Georg
Hensel (Henzel)	Johannes		12.05.1855		
Hensel	Karoline		1885		
Hensel (Henzel)	Kaspar		12.04.1851		
Hermes	Wilhelm	1815		Schuhmacher	
Heusohn	Elisabeth	1831	1857		Tochter von Joh. Heusons Ehefrau
Heuson	Joh. Ehefrau	1802	1857		
Hoffmann	Joh. Martin	1806	1839	Zimmermann	mit Frau und 2 Kindern
Hügel	Georg			Sattler	mit Frau Elisabeth Antonie, geb. Kleyensteuber
Hüter	Philipp		22.05.1847		
Kaltenschnee	Elisabeth		1872		geb. Wolf
Kaltenschnee II	Jacob	1810	1838	Wagner	mit Frau und 2 Kindern
Kinzler	Ludwig		12.04.1851		
Knauss	Carl	1823		Maurer	
Knauss	Heinrich	1819		Weißbinder	
Kniss	Catharina		02.10.1856		
Kniss I	Christian	1794	1857		mit Frau
Kniss	Christoph		1841	Maurer	
Kniss	Eleonore		13.08.1860		mit unehelichem Kind
Kniss	Friedrich Aug.		13.04.1822		

Name	Vorname	Geb.	Ausw.	Beruf	Anmerkungen
Büdingen					
Kniss	Lind	1834	1860		
Kniss	Maria Katharina		23.04.1843		
Köhler	Friedrich Wwe.	1809	1858		
Köhler	Heinrich		06.10.1843		aus Calbach
Kornmann	Joh. Heinrich	1804		Schuhmacher	
Kraus	Catharina Maria				
Krenkel	Margarethe				
Kress	Carl		27.03.1840		gewesener Pfarrer in Wolf
Kress	Friedrich	1841	1859		
Lahnstein	Joseph	1840	1856		
Landmann	Margarethe	1815	1857		
Lehning	Luisa	1833	1859		
Lehning II	Ludwig	1830	1859	Barbier	
Leonhard	Max				+ 1902 mit 74 Jahren
Loos	Johannes		23.07.1838		aus Calbach
Lorenz	Carl		09.07.1840	Chirurg	
Lotz	Nicolaus	1807	1858		
Lotz	Wilhelm	1833	1858	Leinweber	+1904 Baltimore, Sohn v. Nicolaus
Methfessel	Friedrich		17.11.1872		Pfarrer in den USA
Meyer	August		07.06.1851		
Meyer	Ludwig	1865	1884		
Mörschel	Heinrich	1869	1885		
Mosbach	Karl	1842	1859		

Name	Vorname	Geb.	Ausw.	Beruf	Anmerkungen
Büdingen					
Müller	Appolonia	1860	1885		geb. Herwig, mit 1 Kind
Müller	Christian Karl	1803		Schmied	
Müller II	Johann Ch.	1831	1885	Ökonom	mit Frau und 2 Kindern
Müller III	Johann Georg		1838	Ackermann	mit Frau und 2 Kindern
Müller	Wilhelm	1827	1855	Schuhmacher	mit Familie
Neidhardt II	Johann Georg	1815	1846	Ackermann	mit Frau und 1 Kind
Neidhart	Konrad		19.04.1852		+13.03.1862 Baltimore
Noss	Jakob	1817			heimlich entfernt
Ockstadt	Katharina				+ 1902 Washington mit 76 Jahren
Ockstadt	Wilhelm	1822	1853	Buchdrucker	
Peppler	Maria	1827	1861		nach Australien
Rasch	Ernst Casimir		18.03.1872	Küfermeister	
Rasch	Friedrich Jakob		22.07.1859	Schneidermeis.	nach Baltimore
Reichard	Anna Maria		28.07.1853		
Reutzel	Philipp	1842	1859	Schuhmacherges.	
Rohn	Heinrich		10.02.1882		
Ropp	Konrad	1810		Schreiner	
Sauer	Carl	1784		Ackermann	
Scharb	Karoline				geb. Schüßler
Scheid	Heinrich	1870	18.03.1886		
Scheuer	Hirsch	1833	1884		mit Frau Bertha, geb. Oppenheimer
Scheuermann	Caroline	1815	1861		
Schleiss	Heinrich	1832	1885		

Name	Vorname	Geb.	Ausw.	Beruf	Anmerkungen
Büdingen					
Schley	Andreas Wwe.				
Schley	Heinrich	1785	1838		
Schmid	Dr. Carl	1823			
Schmid	Elisabeth	1835	1858		
Schmitt	Gottlieb		28.06.1836		
Schmitt	Luise		28.06.1836		
Schmück	Barbara				geb. Müller
Schmück	Dorothea		21.10.1860		
Schmück I	Philipp E.		24.03.1838	Ökonom	
Schmück III	Philipp	1810	1839	Schneider	
Schneider	Carl		1898		
Schott	Ludwig	1811	1865	Dreher	
Schunk	Anna Elisabeth		1866		
Schunk	Philipp Hans	1784			
Schwarz	Elisabethe	1834	1860		
Schwarz	Johann Heinr.	1783	24.03.1838	Ackermann	mit Frau und 5 Kindern
Schwarz	Johannes	1801		Maurer	
Stamm	Ankele Ferdin.		Juni 1833		
Stamm III	Friedrich	1839	1884		mit Frau Karoline und 2 Kindern
Stamm	Heinrich Wilh.		04.02.1872	Wirt	
Stamm	Wilhelm	1789	1834	Leinweber	
Steinmark	Anna Sophie Franziska		1839		
Steinmark	Georg Ludwig		09.04.1824		
Steinmark	Johann G.	1791	1839	Handarbeiter	mit Frau und 2 Kindern

Name	Vorname	Geb.	Ausw.	Beruf	Anmerkungen
Büdingen					
Thudichum	Dr. Ludwig	1839	1857		nach England
Treut	Johann Louis	1855			+ 1903 Detroit
Urbach	Johann Charles	1841			+ 1911 New York
Velten	Georg Ludwig	1805	1854		+ 15.04.1874 Washington
Waag	Heinrich		23.12.1843		
Wagner	Heinrich		27.02.1861		
Wallrapp	Christian	1791	1835	Weißbinder	
Wasch	Helene		07.06.1851		
Wasch	Peter		07.06.1851		
Weber	Chr. Heinrich	1802		Dreher	
Weber	Justus		28.07.1855		
Weber	Justus Wwe.	1817	1856		
Weber	Karl		14.02.1852		
Weber	Wilhelmine	1833	1856		Tochter der Justus Weber Wwe.
Weigand	Casimier	1865	1881		
Weigand	Christian		1845		Witwer mit 3 Kindern
Weigand	Elisabeth		25.02.1856		geb. Fritz aus Bingenheim
Weigand	Emil		21.04.1864	Steuerbote	
Weigand	Heinrich		13.07.1839		
Wenzel	Reinh. Chr. Ph. Herm.		1886		
Westernacher	Gottfried	1858			+ 1911 Brooklyn New York
Wiegand	Maria		19.02.1849		
Wiegand	Tobias	1801		Formmacher	

Name	Vorname	Geb.	Ausw.	Beruf	Anmerkungen
Büdingen					
Wingefeld	Johann		16.12.1853		
Wingefeld	Karoline	1837	1861		
Winter	Maria		27.11.1845		geb. Köhler
Wittekind	Augustina	1838	1856		
Wittig	Johannes	1777		Ökonom	
Woll	Julius Junior Wwe.		1834	Handarbeiterin	

Name	Vorname	Geb.	Ausw.	Beruf	Anmerkungen
Calbach					
Ditzel	Georg		1838		
Finder	Wilhelm		1838		
Gerhardt	Johannes		05.10.1859		
Glanz	Johannes				
Heilmann	Kaspar		1838		
Jeckel	Johannes		1838		
Loos V	Heinrich		1838		
Loos	Johannes		1838		
Lotz	Kaspar		1838		
Nahrung	Johannes		1838		
Naumann	Johannes		1838		
Noss	Johannes		1838		
Wagner	Peter		1864		
Wüst	Friedrich		1838		

Name	Vorname	Geb.	Ausw.	Beruf	Anmerkungen
Diebach am Haag					
Betz	Mathäus		12.04.1851		
Dadt	Georg	1809	27.03.1847	Leinweber	aus Orleshausen
Glanz	Christian	1848	31.03.1898	Bauer	aus Calbach, mit Frau u. 4 Kindern
Günther	Christian		29.05.1852		mit Familie
Hell	Loisa	1808	06.06.1871	Schuhmacherin	mit 5 Kindern
Meininger	Heinrich	1816		Landwirt	
Mühlhaus	Nicolaus	1784	1834	Schmiedem.	
Schlencker	Michael		06.03.1847		mit Familie
Schnuth	Peter	1794	1849	Ackermann	
Ullrich	Georg	1790	27.03.1847	Leinweber	
Wolf	Joh.		03.04.1852		
Wolf II	Johannes	1814	1858	Ökonom	

Name	Vorname	Geb.	Ausw.	Beruf	Anmerkungen
Dudenrod					
Bauer	Johannes	1861	1883	Metzger	
Becker	Maria	1846	1871	Tagelöhnerin	
Becker	Peter	1844		Schuhmacher	wohnte ab 1871 in Lorbach
Mäuser	Dorothe	1867	1885	Dienstbotin	
Mogk	Adam	1838	1867		
Naumann	Katharina	1860	1881	Näherin	
Schmidt	Konrad	1854	1887		
Stürtz	Katharina	1843	1868		
Stürtz	Konrad	1840	1867		

Name	Vorname	Geb.	Ausw.	Beruf	Anmerkungen
Düdelsheim					
Bartmann	Peter		1846		Witwer
Bauer	Adam		26.08.1887		mit Familie
Bauer	Conrad		14.03.1838		
Belz	Adam		1854		mit Frau Elisabeth
Belz	Friedrich		1850		
Belz I	Johannes		1849		
Belz II	Johannes		1851		mit Frau
Belz	Johannes		1851		Witwer mit 2 Kindern
Böckel	Adam	1846	1861		
Böckel	Karl Adam		April 1881		
Bollach (Bollack)	Wilhelm		1847		
Bollach (Bollack)	Wilhelm		1852		später wieder zurückgekehrt
Claus	Henrich		1847		
Claus	Friedrich		1847		
Claus I	Konrad		1846		mit Frau
Fatz (?)	Jakob		1851		Witwer mit 3 Kindern
Forell	Katharina	1833			
Fritzinger	Karl		1859		mit Frau und 3 Kindern
Gerlach	Conrad	1840			
Gerlach	Heinr. Herm.	1879			
Gerlach	Johannes Adam		März 1880		
Gerlach I	Peter		1847		mit Frau, geb. Schüßler
Gessner	Adam		1851		mit 2 Kindern
Gessner	Heinrich		1855		

Name	Vorname	Geb.	Ausw.	Beruf	Anmerkungen
Düdelsheim					
Gessner	Peter		1851		mit 1 Kind
Giessel	Katharina	1864			
Giessel	Maria Charlotte	1859			
Giessel	Wilhelm		06.08.1864		mit Frau und 6 Kindern
Glanz	Christian		1851		
Glanz	Friedrich		1854		
Glanz	Heinrich	1833			+ 1908 Ebenezer NY mit 94 Jahren
Hart	Karl		1846		mit Familie
Heck	Johannes		1847		
Henrich	Christian	1806	1861		mit Frau und 4 Kindern
Henrich	Hermann		07.05.1881		
Herchenröther	Adam Konrad	1831			mit 1 Kind
Herchenröther	Andreas		05.12.1867		mit 2 Kindern
Herchenröther	Elisabeth	1857			
Herchenröther	Johannes	1841	1857		
Herchenröther	Konrad		04.08.1864		mit Frau und 1 Kind
Horst	Mar. Wilhelm.	1834			
Horst	Wilh. Carol. Marg.	1831			mit 3 Kindern
Horst	Karl		1846		mit Familie (insges. 10 Pers.)
Kaufmann	Friedrich	1831			mit 1 Kind
Kleeb	Gustav	1879			
Klehm	Konrad	1839			
Klehm	Joh. Adam	1834			
Klehm	Heinrich		1847		

Name	Vorname	Geb.	Ausw.	Beruf	Anmerkungen
Düdelsheim					
Klehm	Paul		1851		Witwer mit 2 Kindern
Kleinfelder	Adam	1815	1861	Schuhmacher	mit Frau und 5 Kindern
Kleinfelder	Adam	1859			ertrunken a. d. Weg nach Amerika
Kleinfelder	Friedr. Heinr.	1857			
Kleinfelder	Georg Heinrich	1863			
Kleinfelder	Gertraud		1841		
Kleinfelder	Heinrich		11.03.1880		mit Sohn Adam
Kleinfelder	Heinrich		04.08.1864		mit Frau und 3 Kindern
Kleinfelder	Hermann		1858		
Kleinfelder	Karl Friedrich		1858		
Kleinfelder	Konrad		1851		mit 1 Kind
Kleinfelder	Konrad		20.10.1875		mit Sohn Adam
Kleinfelder II	Konrad		1852		
Kleinfelder III	Konrad		1847		
Kleinfelder	Lena		1847		
Kleinfelder	M.		1847		
Kleinfelder	Mgr. Anna	1856			
Klink	Heinrich Peter	1833			
Klipper	Heinrich		1846		mit Familie (insges. 8 Pers.)
Knaus I	Conrad		1846		mit Familie
Knaus	Heinrich	1879			
Knaus VI	Joh.		1851		
Knaus	Maria Mgr.	1871			

Name	Vorname	Geb.	Ausw.	Beruf	Anmerkungen
Düdelsheim					
Knaus	Marie	1832	18.10.1884		mit Tochter Wilhelmine
Knaus	Peter Karl		15.03.1880		mit 4 Kindern
Knauss	Andreas	1831			mit 4 Kindern
Knauss	Georg Konr.	1834			
Knauss II	Konrad	1813	1860		mit Frau und 3 Kindern
Köhler	Heinrich Adam	1832			mit 1 Kind
Köhler	Heinrich		1847		mit Frau
Lehr	Friedrich		1852		mit Frau und Kindern
Lott	Lorenz		Nov. 1848		
Lott	Wilhelm	1832			mit 1 Kind
Lott	Heinrich Philipp		12.05.1881		
Lotz	Friedrich		1847		
Lotz	Heinrich	1833	1852		
Mohn	Friedrich		1847		
Mohn	Heinrich	1833	1852		
Mohn	Heinrich	1863			
Mohn	Heinrich		1854		
Mohn	Johannes		04.08.1864		mit Frau und 2 Kindern
Müller	Georg		1831	Zimmermann	mit Frau und Kind Peter
Nanz	Ernst Christian	1832			mit 5 Kindern
Nanz	Johannes		1846		mit Familie (insges. 5 Pers.)
Nanz II	Ludwig Wwe.		1854		
Nanz	Wilhelm		1851		
Naumann	Merian	1833			

Name	Vorname	Geb.	Ausw.	Beruf	Anmerkungen
Düdelsheim					
Ochsenhirt	Adam		06.09.1866		mit Frau und Adoptivsohn
Ochsenhirt	Conrad Hermann		1853		
Ochsenhirt	Friedrich	1844	1861		
Ochsenhirt	Friedrich Peter	1826			mit 4 Kindern
Ochsenhirt IV	Johannes		06.08.1864		mit Frau und 1 Kind
Ochsenhirt	Joh. Andreas	1833			
Ochsenhirt	Katharina Mar.	1851			
Ochsenhirt	Maria	1851			
Reichard	Katharina	1851			
Reichert	Heinrich		1855		
Reichert	Konrad		1855		
Reuter	Elisabeth	1856			
Reuter	Heinrich	1865			
Roth	Charlotte	1847			später wieder zurückgekehrt
Roth	Friedrich Adam	1833			
Roth I	Johannes		1846		mit Frau
Roth III	Johannes		1848		
Ruth	Christian		11.09.1872		
Ruth	Margarethe	1831			mit 3 Kindern
Schäfer	Johannes		1846		mit Familie (insges. 5 Personen)
Schäfer	Katharina		1847		
Schärf (Scherf)	Peter		1846		mit Familie (insges. 4 Personen)
Scheid I	Friedrich		17.03.1838		

Name	Vorname	Geb.	Ausw.	Beruf	Anmerkungen
Düdelsheim					
Scheid II	Friedrich		24.03.1838		
Scheid	Karl		1850		
Scheid	Katharina Maria		1850		
Scheid	Margarethe		1850		
Scherf (Schärf)	Heinrich	1841	10.02.1864		
Schimmel	Konrad		1846		mit Familie
Schimmel	Weigand	1840			
Schneider	Adam	1829	1855		
Schneider	Adam Andreas	1830			mit 1 Kind
Schneider	Adam		1846		mit Frau Maria, geb. Helfrich
Schneider	Kaspar (Casper)		1846		mit Frau und 2 Kindern
Schneider	Konrad Chr.	1834			
Schneider	Peter		11.03.1868		mit Frau und 1 Kind
Schnierle	Friedrich		1852		mit Familie
Schnierle	Heinrich Adam	1851			
Schnierle	Luisa	1834			
Schnierle	Peter		1852		mit Familie
Schwarz	Emilie	1857			
Schwarzhaupt	Julius Joseph		03.12.1886		
Schwartz	Anna Maria				+ 1901 mit 84 Jahren
Sinner	Peter		1852		
Spielmann	Konrad		1851		
Spielmann	Peter	1831			mit 3 Kindern

Name	Vorname	Geb.	Ausw.	Beruf	Anmerkungen
Düdelsheim					
Traumüller	Fr. Wilhelm	1830			mit 2 Kindern
Traumüller	Heinrich Peter	1832			mit 3 Kindern
Traumüller	Konrad		1846		Frau Margar., geb. Volz, 3 Kinder
Völker V	Heinrich		03.04.1883		mit Frau und 3 Kindern
Völker III	Peter		26.11.1884		
Völker	Peter Konrad		14.07.1868		mit Frau und 2 Kindern
Weid	Johannes		1851		
Weil	Konrad		1856		mit Frau
Weilmünster	Konrad	1851			
Weith	Johann		19.03.1852		
Winter	Heinrich		Juni 1850		
Winter	Johannes		1847		
Ziegler	Anton		06.08.1864		mit Frau und 2 Kindern
Ziegler	Mgr. Doroth.	1859			
Zinn	Adam	1824	14.02.1868		
Zinn	Fr. Wolfgang	1859			
Zinn	Maria		1851		

Name	Vorname	Geb.	Ausw.	Beruf	Anmerkungen
Eckartshausen					
Antonie	M. Henr. Elise	1866	1889		aus Straßburg
Beth	Heinrich	1812			aus Marienborn
Dillemuth	Friedrich	1802	1863	Schuhmacher	mit Frau und 3 Kindern
Döbler	Andreas		04.05.1838		
Faust	Georg	1811	1872	Forstwart	mit Frau und 1 Kind
Freitag	Johannes	1813	10.07.1854	Schuhmacher	aus Himbach
Gärtling	Margarethe		1884		Ehefrau des Georg Gärtling II, mit Sohn & Tochter
Giar I	Johann Georg	1815	10.07.1856	Schneider	
Giar II	Konrad	1845	1883	Schreiner	
Hecht	Helene	1862	1882		
Müller	Wilhelmine		1872		
Niedenthal	Heinrich	1815	14.06.1860		
Oestrich	Martin	1816	10.07.1852	Leinweber	
Reichert	Jacob	1783	04.08.1837	Tagelöhner	
Reichert II	Jakob	1803	10.07.1852	Zimmermann	
Schott	Johannes	1815	1871	Küfer	
Seckinger	Philipp	1812	14.06.1860	Leinweber	

Name	Vorname	Geb.	Ausw.	Beruf	Anmerkungen
Lorbach					
Ditzel	Joh. Wwe.		25.04.1846		
Köhler	Wilhelm	1861		Schuhmacher	mit Frau Margarethe, geb. Müller, aus Düdelsheim
Lotz	Heinrich		1838		
Wagner	Ludwig		24.03.1838		mit Vater

Aufgrund fehlender Akten sind keine weiteren Auswanderer zu finden.

Name	Vorname	Geb.	Ausw.	Beruf	Anmerkungen
Michelau					
Herbert	Johannes	1838	1884	Tagelöhner	mit Frau und 4 Kindern
Jeck	Katharina	1861	1882		
Kaiser II	Heinrich	1829	1867	Tagelöhner	mit Frau und 3 Kindern
Lapp	Christian		1847		
Lapp	Jakob		1847		
Lapp	Karl		1847		
Maltfeld	Peter	1825	15.10.1872	Tagelöhner	mit Frau und 4 Kindern
Müller	Johanna	1821	1872	Wäscherin	
Müller	Ludwig	1852	1872	Fabrikarbeiter	Sohn von Johanna Müller
Pfeifer	Adam	1824	1881	Landwirt	mit Frau und 4 Kindern
Pfeifer	Johannes	1850	1885	Fabrikarbeiter	mit Frau und 5 Kindern
Reifschneider	Georg	1858	1884	Landwirt	mit Frau und 1 Kind
Reifschneider	Jakob		1880		mit Familie
Reifschneider	Peter	1817	1880	Landwirt	mit Frau und 4 Kindern
Retter	Heinrich	1834	1882	Landwirt	mit Frau und 2 Kindern
Retter	Johannes	1834	1866	Tagelöhner	mit Frau und 3 Kindern
Röder	Konrad	1858	1884	Landwirt	
Schenk	Conrad		25.07.1846		mit Familie
Schneider	Johannes	1832	1884	Landwirt	
Specht	Georg	1856	1882	Tagelöhner	
Stürz	Heinrich Wwe.	11.10.1872			
Stürz	Mina	1862	1880		

Name	Vorname	Geb.	Ausw.	Beruf	Anmerkungen
Orleshausen					
Anton	Wilhelm	1828		Tagelöhner	
Blum	Jacob Wwe.		1872		
Dietrich	Georg		1847		
Dietrich	Johannes	1807	08.07.1838	Bauer	mit Familie
Dietrich	Ludwig	1851		Weißbinder	
Dietrich	Margaretha		31.03.1838		
Dietrich	Peter	1823	1902	Tagelöhner	
Dörr	Georg		1847		
Eckam	Peter	1801	19.05.1833	Bauer	mit Familie
Eckam	Wilhelm	1767	19.05.1833	Ackermann	aus Diebach am Haag
Henrich	Margaretha	1830			mit 2 Kindern
Knöpp	Friedrich	1800	30.05.1833	Leinweber	mit Familie
Lanz	Georg	1840		Leinweber	
Nagel	Heinrich	1832		Tagelöhner	
Nagel II	Heinrich	1821	09.07.1862	Leinweber	mit Familie
Nagel II	Joh. Georg	1795	08.07.1838	Leinweber	mit Familie
Schwarz	Peter	1803	30.05.1833	Leinweber	mit Familie
Stark	Johannes	1805	19.05.1833	Bauer	mit Familie
Weid	Carl Wilhelm	1832			
Weinel	Peter		1847		

Name	Vorname	Geb.	Ausw.	Beruf	Anmerkungen
Rinderbügen					
Albrecht	Thomas	1792	27.10.1845	Bauer	
Appel	Heinrich	1837		Schuhmacher	
Appel	Martin	1832		Schneider	
Gömmer	Karl	1865			
Gömmer I	Peter	1820	27.05.1864	Ackermann	mit Familie
Herd II	Martin	1807		Bauer	
Lorey	Heinrich	1844	1882	Ackermann	
Lorey II	Johannes	1807	1831	Ackermann	
Röder	Johannes		1857		
Sauer	Heinrich	1812		Bauer	
Schaerf	Friedrich	1794		Müller	
Schwab	Nicolaus	1795		Bauer	
Wagner	Nicolaus		14.02.1852		Sohn des Johann Wagner I

Name	Vorname	Geb.	Ausw.	Beruf	Anmerkungen
Rohrbach					
Bähr	Friedrich	1812	11.04.1834	Landwirt	
Bähr III	Heinrich	1821	27.03.1847	Schneider	mit Frau und 1 Kind
Bähr II	Johann	1777	11.04.1834	Landwirt	
Bähr	Joh. Georg	1823		Landwirt	
Bopp	Andreas	1779	27.03.1847	Schmied	mit Frau und 6 Kindern
Bopp	Fred		vor 1868		Sohn v. Margarethe/Wilhelm Bopp
Bopp	Heinrich	1789	21.06.1838	Landwirt	
Bopp	Heinrich		vor 1868		Sohn v. Margarethe/Wilhelm Bopp
Bopp	Ludwig	1812	21.06.1838	Dreher	
Deymond (Diamond)	Wilhelm		1847	Leinweber	und 4 Kinder
Dietz	Adam	1802	1837	Landwirt	
Dietz	Heinrich	1838	27.10.1881	Landwirt	mit Frau und 2 Kindern
Dietz	Johann Georg	1807	1837	Landwirt	
Dörner	Georg	1813	1847	Wagner	
Freyer	Georg	1792	1838	Bauer	
Freyer	Heinrich		18.04.1846	Schmied	mit Frau und 7 Kindern
Freyer II	Peter	1796	1846	Tagelöhner	mit Frau und 7 Kindern
Fritz	Peter		1846		
Fritz	Johannes Wwe.		1846		
Fritz	Wilhelm		1846	Dreher	mit Frau und 1 Kind
Fritz	Wilhelm		25.04.1846		mit Mutter und Bruder
Graul	Peter	1819	1858	Tagelöhner	
Hardt	Christian		1875		

Name	Vorname	Geb.	Ausw.	Beruf	Anmerkungen
Rohrbach					
Hardt	Joh. Henrich	1855	1875		Sohn v. Christian u. Johanna Hardt
Hardt	Johanna		1875		geb. Kröll, Frau v. Christian Hardt und 1 Kind
Henrich	Katharina Maria		1847		
Henrich	Konrad	1828		Landwirt	
Henrich	Magdalena		1875		geb.Lapp, Frau v. Konrad Henrich
Henrich	Peter	1851	1875		Sohn v. Konrad/Magdalena Henrich
Herd	Christian	1817	1864	Schmied	
Holzhaus	Heinrich Wwe.		18.04.1846		
Holzhaus	Johannes	1825		Tagelöhner	
Holzheimer	Jakob		1846		
Jeckel	August Adolf		1891	Metzger	
Kaiser	August	1856	27.09.1881	Zimmerm.geh.	mit Frau und 2 Kindern
Kaiser	Joh. Heinrich	1855	01.11.1881	Landwirt	
Kaufmann	Konrad	1802	21.06.1838	Schreiner	
Klehm	Heinrich	1824	1867	Schuhmacher	
Klehm	Magdalena		1867		geb. Bopp, Frau von Heinrich Klehm und 5 Kinder
Knauss	Friedrich		1847		
König	Eymond	1828	1836		
König	Peter	1818	1836		
Kröll	Adolph August	1806	1834	Candidat Theol.	+ 27.11.1874
Kröll	Friedr. Adolph	1855	30.07.1879	Landwirt	
Langlitz	Konrad		1885		
Mai (Mey)	Peter		1847		

Name	Vorname	Geb.	Ausw.	Beruf	Anmerkungen
Rohrbach					
Mart	Heinrich Math.		27.03.1847		
Michel	Friedrich		1847		
Michel	Heinrich		1847		
Mohr	Friedrich	1802	1859	Wagner	mit Frau und 1 Kind
Musch	Conrad		06.02.1842		mit Familie
Musch	Johannes	1790	18.04.1846	Zimmergeselle	aus Florstadt, mit Frau u. 7 Kindern
Musch	Katharina		1846		
Musch	Konrad		1847	Tagelöhner	mit Frau und 2 Kindern
Nazarenus	Johanna	1842	1867	Handarbeiterin	
Noss	Konrad Wwe.		06.02.1842		und 3 Kinder
Rückert	Heinrich	1805	05.06.1847	Zimmermann	mit Frau und 2 Kindern
Staaf	Konrad	1803	23.10.1840	Schuhmacher	aus Hainchen, mit Familie
Stern	Abraham	1883	1899		
Stroh	Konrad		1842		
Velten	Georg Otto	1897	1922		
Weber	Christoff	1785	13.06.1832	Landwirt	
Weber	Friedrich	1826	1867	Landwirt	und 3 Kinder
Weber	Johannes	1823		Landwirt	
Weiss	Johannes	1807	1859	Leinweber	
Wilhelm	Friedrich		06.02.1842		
Wilhelm	Friedrich		1858	Strumpfweber	

Name	Vorname	Geb.	Ausw.	Beruf	Anmerkungen
Vonhausen					
Bluhm	Johann Georg		1838	Tagelöhner	
Glanz	Peter	1825	1867	Landwirt	mit Frau und 1 Kind
Lott VII	Johannes	1822	1867	Landwirt	mit Frau und 5 Kindern

Aufgrund fehlender Akten sind keine weiteren Auswanderer zu finden.

Name	Vorname	Geb.	Ausw.	Beruf	Anmerkungen
Wolf					
Dietz	Johannes	1780		Ackermann	
Ditz (Dietz)	Johann Georg		1832	Ackermann	
Doll	Konrad	1847		Tagelöhner	aus Eckenbach
Gerlach	Albert		1831	Tagelöhner	aus Düdelsheim
Hardt	Johannes		04.05.1865		aus Pferdsbach
Harf II	Conrad	1825		Tagelöhner	
Henrich	Johannes	1821		Tagelöhner	mit Magd. Baier aus Hohenfeld
Henrich	Ludwig	1840		Landwirt	
Hilz (Hilss)	Conrad	1803	1846	Ackermann	
Kuhl	Georg	1868		Tagelöhner	
Kuhn	Heinrich	1811		Ackermann	
Leichner	Jacob	1838		Tagelöhner	aus Hof Bieberberg
Mohn	Heinrich Wwe.		1854		
Müller	Conrad	1802	1846/1847		
Müller	Karl		1847		
Müller	Peter		1847		

Name	Vorname	Geb.	Ausw.	Beruf	Anmerkungen
Wolf					
Nanz	Henrich	1831		Leinweber	aus Bergheim
Nos	Adam			Taglöhner	
Nos VI	Conrad	1808		Ackermann	
Nos III	Henrich	1818	1846	Bauer	
Nos	Johanna				geb. Lutz aus Wippenbach, Frau von Adam Nos, mit Kindern
Pfannkoch	Adam	1835	1880	Schäfer	
Raab	Johannes				
Raab	Sophie				geb. Heck aus Bleichenbach, Frau von Johannes Raab, mit Kindern
Reichert	Philipp	1834	1882	Taglöhner	aus Diebach
Scheid	Karl		19.09.1849		
Trieber Jacob		1823		Taglöhner	heimlich entfernt
Weber	Karl	1848		Schreiner	aus Niedermus
Wolferborn					
Geyer	Anna Maria	1823	1853		
Geyer	Margarethe	1826	1853		
Röder	A. Margarethe		1853		geb. Strieb, Frau von Lorenz Röder
Röder	Johann Georg	1829	1853		Sohn von Lorenz Röder
Röder	Lorenz		1853		

Aufgrund fehlender Akten sind keine weiteren Auswanderer zu finden.

Verzeichnis der Auswanderer nach Brasilien

hauptsächlich um 1780

Name	Vorname	Beruf	Anmerkungen
Aulendiebach			
Becker	Henrich	Bauer	mit Frau und 4 Kindern
Flach	Conrad	Zimmermann	ledig
Heck	Elisabeth		ledig, mit 2 Kindern
Kuhn	Christian	Leinweber	ledig
Ort	Adam	Schreiner	mit Frau und 2 Kindern
Reithel	Johann Georg	Tagelöhner	
Reithel	Lorenz	Zimmermann	
Stallenburger	Philipp	Bauer	mit 2 Kindern
Walter	Martin	Bauer	mit Frau und 2 Kindern
Wüst	Margarethe		mit 2 Kindern
Büches			
Bartmann	Christoph	Schuhmacher	mit Frau und 3 Kindern
Naumann	Elisabeth		ledig

Name	Vorname	Beruf	Anmerkungen
Büdingen			
Bernhard	Carl	Maurer	mit Frau und 6 Kindern
Bernhard	Georg	Maurer	mit Frau und 1 Kind
Engel	Johannes	Leinweber	mit Frau und 4 Kindern
Fuchs	Anna		um 1830
Gaul	Friedrich	Bauer	ledig
Gübner	Georg	Maurer	mit Frau und 2 Kindern
Haag	Friedrich	Schuhmacher	mit Frau und 5 Kindern
Hüther	Jost	Schreiner	mit Frau
Knaus	Joh. Christian	Leinweber	mit Frau und 3 Kindern
Leithner	Johann	Papierformmacher	mit Frau und 2 Kindern
Motz	Moritz	Bauer	mit Frau
Müller	Ernst Ludwig	Bauer	mit Frau und 2 Kindern
Noss	Jakob	Leinweber	mit Frau und 2 Kindern
Schmidt	Christian	Schumacher	um 1824, ledig
Schmück	Ludwig	Schmied	mit Frau und 6 Kindern
Schmück	Philipp Ernst	Bauer	mit Frau und 5 Kindern
Sommer	Carl	Bauer	mit Frau und 6 Kindern
Sommer	Carl Ferd.	Bauer	
Steinmark	Henrich	Maurer	mit Frau und 2 Kindern
Steinmark	Henr.		ledig
Winter	Ph. Conrad	Schuhmacher	mit Frau und 1 Kind
Wöll	Johannes	Maurer	mit Frau und 3 Kindern

Name	Vorname	Beruf	Anmerkungen
Calbach			
Dresbach	Anna Maria		nach 1824
Dresbach	Friedrich	Zimmermann	1824, mit Ehefrau Anna Christina Kämpf und 7 Kinder und Schwager Jacob Kämpf.
Dresbach	Joh. Heinr. Caspar	Zimmerm.	1824, mit Ehefrau Anna Elisabeth
Dresbach	Johannes		nach 1824
Dresbach	Kaspar	Zimmermann	nach 1824
Krumm	Georg		1825, mit Ehefrau Anna Maria Neumann und 3 Kindern
Krumm	Henrich		nach 1824
Naumann	Henrich	Zimmermann	
Naumann	Marie		mit 3 Kindern
Naumann	Sebastian	Bauer	mit Frau und 4 Kindern
Steuernagel	Georg		1851
Wüst	Johannes	Bauer	mit Frau und 4 Kindern
Diebach			
Eller	Anne Marie		mit 2 Kindern
Eller	Johannes	Schneider	ledig
Ulrich	Johann Georg	Leinweber	mit Frau und 2 Kindern

Name	Vorname	Beruf	Anmerkungen
Dudenrod			
Hoehr/Hoeher	Johann Peter		um 1838
Jäger	Johann Georg	Ackersmann	1824, mit Anna Catharina Hirn und 3 Kindern
Ma(r)feld	Katharina		* 1779 + 12.04.1859 Santa Maria
Ziegen	Johann Georg	Ackermann	* 1790, ausgewandert 1824, aus Glauberg

Name	Vorname	Beruf	Anmerkungen
Düdelsheim			
Adam	Caspar	Strumpfweber	mit Frau und 4 Kindern
Adam	Ernst	Maurer	mit Frau und 1 Kind
Adam	Henrich	Tagelöhner	mit 3 Kindern
Adam	Johannes	Bauer	mit Frau und 5 Kindern
Demelad	Elisabeth		mit 2 Kindern
Fatz	Philipp	Strumpfweber	mit Frau und 2 Kindern
Gerlach	Conrad	Bauer	mit 2 Kindern
Gerlach	Henrich	Leinweber	mit Frau und 2 Kindern
Gerlach	Henrich Wwe.		Witwe mit 4 Kindern
Klaus	Henrich Jun.	Bauer	mit Frau und 2 Kindern
Klaus	Johannes	Leinweber	ledig
Kleinfelder	Conrad	Weißbinder	
Kleinfelder III	Friedrich	Weißbinder	mit Frau und 4 Kindern
Kleinsteuber	Witwe	Forstjäger	mit 3 Kindern
Knaus	Johann	Bauer	mit Frau und 1 Kind
Knaus V	Johann	Schuhmacher	mit 5 Kindern
Knaus	Johannes	Bauer	mit Frau und 3 Kindern
Koch	Melchior	Wagner	mit Frau und 4 Kindern
Mayer	Johann	Bauer	mit Frau und 1 Kind
Methfessel	Conrad Wwe.		Witwe mit 1 Kind
Müller	Georg	Zimmermann	mit Frau und 3 Kindern

Name	**Vorname**	**Beruf**	**Anmerkungen**
Düdelsheim			
Müller	Jakob	Leinweber	mit Frau und 1 Kind
Müller	Johannes	Leinweber	mit Frau und 3 Kindern
Müller	Peter	Leinweber	mit Frau
Ochsenhirt	Catharine		mit 1 Kind
Ochsenhirt	Friedrich	Bauer	Witwer
Ochsenhirt	Georg	Zimmermann	mit Frau und 2 Kindern
Ochsenhirt	Henrich	Zimmermann	mit Frau und 2 Kindern
Ochsenhirt	Johann	Maurer	mit Frau und 3 Kindern
Preusser	Conrad	Maurer	
Scheid	Friedrich	Bauer	mit Frau und 3 Kindern
Scheid	Johann	Tagelöhner	
Spielmann	Johann	Wagner	mit 4 Kindern
Völker	Conrad	Schuhmacher	ledig
Völker	Henrich	Bauer	mit Frau und 3 Kindern
Weilmünster	Adam	Schneider	
Weilmünster	Michael	Bauer	Witwer mit 2 Kindern
Winter	Anne Marie		ledig, mit 2 Kindern
Winter	Herm. Adam	Schuhmacher	mit Frau und 1 Kind
Winter	Wilhelm	Bauer	mit Frau und 3 Kindern
Zinn	Johannes	Schneider	mit Frau und 2 Kindern

Name	Vorname	Beruf	Anmerkungen
Eckartshausen			
Bopp	Henrich Wwe.		Schwiegermutter Martin Oestreich, 03.04.1852
Boss	Jakob	Bauer	ledig
Emerich	Henrich	Zimmermann	ledig
Görtling	Ferdinand Wwe.		Witwe mit 4 Kindern
Hedderich	Johannes	Bauer	mit Frau und 1 Kind
Jakob	Catharine		ledig, mit 3 Kindern
Jakob	Christian	Bauer	ledig
Jakob	Johannes	Maurer	
Jakob	Martin	Maurer	mit Frau und 2 Kindern
Jakob	Philipp Wwe.		
Kalkhof	Georg		
Kümmel	Catharine		ledig, mit 1 Kind
Kümmel	Dorothea		
Kress	Adam	Schuhmacher	ledig
Kress	Johannes	Schuhmacher	Witwer
Lehr	Elisabeth		mit 3 Kindern
Lehr	Gertraud		ledig, mit 1 Kind
Lehr	Margarete		mit 1 Kind
Oestreich	Baltasar Wwe.		Witwe mit 4 Kindern
Oestreich	Friedrich	Tagelöhner	

Name	Vorname	Beruf	Anmerkungen
Eckartshausen			
Oestreich	Martin		Schw.sohn v. Henrich Bopp Wwe., 03.04.1852
Pfeifer	Catharine		ledig, mit 1 Kind
Reichert	Ernst	Bauer	mit Frau und 3 Kindern
Reichert	Johann	Schneider	mit Frau und 3 Kindern
Reichert	Jakob Junior	Zimmermann	
Reichert	Jakob	Bauer	mit Frau und 4 Kindern
Schmidt	Elisabeth		ledig, mit 1 Kind
Schmidt	Peter	Schuhmacher	
Schnitzer	Johannes	Schneider	mit Frau und 1 Kind
Stichler	Anne Marie		ledig
Lorbach			
Faust	Johann	Bauer	mit Frau und 1 Kind
Nahrung	Johannes	Leinweber	mit Frau und 4 Kindern
Naumann	Friedrich	Leinweber	mit Frau und 1 Kind
Nazarenus	Friedrich	Tagelöhner	mit Frau und 1 Kind
Nazarenus	Johannes	Tagelöhner	mit 1 Kind
Nazarenus	Wilhelm	Schneider	mit Frau und 1 Kind

Name	Vorname	Beruf	Anmerkungen
Michelau			
Kaiser	Philipp Wwe.		Witwe mit 3 Kindern
Orleshausen			
Becker	Johann	Bauer	mit Frau und 1 Kind
Hessemer	Thomas	Bauer	mit Frau und 6 Kindern
Laubach	Johann	Bauer	mit Frau und 1 Kind
Nagel	Johannes	Bauer	mit Frau und 1 Kind
Loos	Conrad	Bauer	ledig
Ochsenhirt	Adam	Bauer	mit Frau und 2 Kindern
Reichert	Jakobine		
Pferdsbach			
Beyer	Conrad	Maurer	mit Frau und 3 Kindern
Stürz	Christian	Tagelöhner	mit Frau
Velte	Ludwig	Tagelöhner	
Rinderbügen			
Gemmer	Johannes	Bauer	mit Frau und 1 Kind
Kaufmann	Christian	Bauer	mit Frau und 2 Kindern
Kirchner	Johannes	Schmied	mit Frau und 7 Kindern

Name	Vorname	Beruf	Anmerkungen
Rohrbach			
Bopp II	Andreas	Schmied	mit Frau und 3 Kindern
Bopp	Henrich	Drechsler	mit Frau und 1 Kind
Dietrich	Kath. Elisab.		nach 1826
Freyer	Christian Wwe.		
Freyer	Henrich	Schmied	
Freyer	Marie		mit 1 Kind
Freyer	Peter	Schmied	mit Frau und 2 Kindern
Freyer	Peter	Bauer	mit Frau und 4 Kindern
Gömmer	Ernst	Schneider	mit Frau und 2 Kindern
Hardt	Johannes	Bauer	mit Frau und 3 Kindern
Hirchenhain	Georg	Bauer	mit Frau und 5 Kindern
Holzheimer	Anne Marie		mit 2 Kindern
Holzheimer	Elisabeth		mit 1 Kind
Holzheimer	Jakob		ledig
Koch	Anne Marie		ledig
Kraus	Catharine		geschiedene Hensel
May	Peter		ledig
Musch	Johannes	Zimmermann	mit Frau und 4 Kindern
Schädel	Jakob	Zimmermann	mit Frau und 2 Kindern
Weber	Christoph	Leinweber	mit Frau und 2 Kindern
Weber	Wilhelm	Bauer	ledig

Name	Vorname	Beruf	Anmerkungen
Vonhausen			
Blum	Henrich	Bauer	mit Frau und 3 Kindern
Blum	Johannes	Bauer	mit Frau und 6 Kindern
Bommersheim	Henrich	Bauer	mit Frau und 3 Kindern
Bott	Caspar	Bauer	mit Frau
Bott II	Michael	Wagner	mit Frau und 5 Kindern
Emerich	Henrich	Bauer	mit Frau und 8 Kindern
Fliedner	Friedrich	Leinweber	ledig
Fliedner	Johannes	Bauer	mit Frau
Geis	Henrich	Bauer	mit Frau und 3 Kindern
Jünger	Jakob Wwe.		
Jünger	Martin	Leinweber	mit Frau und 2 Kindern
Jünger	Melchior	Leinweber	ledig
Kirchner I	Johannes	Bauer	Witwer
Noss	Henrich	Tagelöhner	mit Frau und 4 Kindern
Papst	Johannes Wwe.		Witwe mit 2 Kindern
Papst II	Johannes	Schneider	mit Frau und 1 Kind
Petry	Johannes	Ziegler	mit Frau und 1 Kind
Traumüller	Jakob	Tagelöhner	ledig

Name	Vorname	Beruf	Anmerkungen
Wolf			
Biermann	Conrad	Tagelöhner	mit Frau und 4 Kindern
Gerlach	Albert	Bauer	mit Frau und 2 Kindern
Harf	Philipp	Leinweber	mit Frau und 3 Kindern
Helfrich	Jakob		ledig
Hils	Christian	Schmied	
Knab	Adam	Bauer	mit Frau und 2 Kindern
Knab	Anne Marie		ledig
Knab	Catharine		ledig
Noss	Jakob	Bauer	mit Frau und 5 Kindern
Noss	Peter	Bauer	mit Frau und 2 Kindern
Roth	Henrich	Bauer	mit Frau und 3 Kindern
Trieber	Marie		ledig
Trieber	Peter		ledig
Trieber	Wilhelm		mit Frau und 3 Kindern
Kaiser	Caspar	Leinweber	*1786, ausgewandert 1823

Wolferborn

keine Informationen

Statistische Auswertung der Verzeichnisse

Auswanderer nach Nordamerika

Personen / Ort

3	Aulendiebach
32	Büches
287	Büdingen
14	Calbach
28	Diebach
320	Düdelsheim
9	Dudenrod
25	Eckartshausen
5	Lorbach
67	Michelau
43	Orleshausen
16	Rinderbügen
140	Rohrbach
11	Vonhausen
35	Wolf
5	Wolferborn
1040	**Auswanderer**

Wenn in den Anmerkungen die Angabe „mit Familie" gemacht wurde, ist sie zu 4 Personen gerechnet.

Auswanderer/Jahr

soweit bekannt

1801	1	1856	12
1803	1	1857	13
1810	1	1858	16
1818	1	1859	18
1822	1	1860	12
1823	1	1861	20
1824	1	1862	10
1826	1	1863	5
1831	6	1864	44
1832	1	1865	4
1833	19	1866	10
1834	7	1867	33
1835	1	1868	10
1836	5	1871	9
1837	3	1872	19
1838	89	1873	2
1839	10	1875	7
1840	6	1879	2
1841	6	1880	19
1842	10	1881	20
1843	36	1882	12
1845	6	1883	7
1846	100	1884	52
1847	71	1885	21
1848	2	1886	3
1849	5	1887	5
1850	6	1889	1
1851	32	1890	6
1852	29	1891	1
1853	8	1898	8
1854	19	1899	1
1855	10	1902	1

Auswanderer nach Nordamerika

Berufe soweit bekannt

3	Bäcker(gehilfen)	4	Ökonomen
1	Barbier	3	Sattler
51	Bauern	1	Schäfer
1	Buchdrucker	5	Schmiede(meister)
1	Candidat Theol.	8	Schneider(meister)
1	Chirurg	4	Schreiner
1	Dienstbotin	15	Schuhmacher(gesellen)
4	Dreher	1	Steuerbote
2	Fabrikarbeiter	2	Strumpfweber
1	Formmacher	28	Taglöhner
1	Forstwart	3	Wagner
5	Handarbeiter(innen)	1	Wäscherin
1	Hebamme	3	Weißbinder
1	Kaufmann	1	Wirt
1	Kirchendiener	6	Zimmerleute
3	Küfer(meister)		
1	Kuhhirte		
1	Landgerichtsgehilfe		
17	Leinweber		
5	Maurer		
4	Metzger		
2	Müller		
1	Nagelschmied		
1	Näherin		

Auswanderer nach Brasilien

Personen / Ort		**Berufe** soweit bekannt	
27	Aulendiebach	55	Bauern
6	Büches	1	Drechsler
90	Büdingen	1	Forstjäger
39	Calbach	18	Leinweber
8	Diebach	11	Maurer
148	Düdelsheim	1	Papierformmacher
9	Dudenrod	6	Schmiede
69	Eckartshausen	8	Schneider
25	Lorbach	2	Schreiner
23	Orleshausen	10	Schuhmacher
25	Pferdsbach	2	Strumpfweber
63	Rohrbach	11	Taglöhner
68	Vonhausen	3	Wagner
47	Wolf	2	Weißbinder
647	**Auswanderer**	1	Ziegler
		13	Zimmerleute

Sonstige Länder

4 Auswanderer

Weitere Bücher zum Thema Auswanderung aus der Region

Büdingen als Sammelplatz der Auswanderung an die Wolga 1766

Peter Decker

Dokumente aus einer Zeit vor nicht einmal 9 Generationen bieten eine Fülle von Fakten und damit Recherchemöglichkeiten für die Ahnenforschung.

1766 erlangte Büdingen kurzzeitig Bedeutung im Felde europäischer Politik als einer der wichtigsten Sammelplätze der Massenauswanderung nach Russland. Nachdem Zarin Katharina die Große 1763 in einem Aufsehen erregenden Manifest zur Ansiedlung in neuen Kolonien an der Wolga einlud und dafür erhebliche Privilegien und Fördermittel versprach, zog es Tausende in die russischen Werbebüros. Der Reichstag und die großen Reichsstände aber reagierten mit drastischen Verboten, um eine „Reichsentvölkerung" zu verhindern, so dass die Werber in kleinere Herrschaften ausweichen mussten.

Für manche russlanddeutsche Familie beginnt mit den Vorgängen von 1766 in Büdingen die eigene Familiengeschichte. Viele Menschen mit diesen Wurzeln, die aus den Nachfolgestaaten der UdSSR in den vergangenen Jahren wieder nach Deutschland kamen oder schon zuvor in alle Erdteile verstreut wurden, treibt eine vage Erinnerung an die Herkunft aus dem hessischen Raum dazu, eine Antwort zu den Fragen ihrer Wurzeln in Büdingen zu suchen. Hierzu ist auch die neuere Forschungsgeschichte berücksichtigt. Beigegeben ist eine Liste mit den Namen der Kolonisten, die 1766 in Büdingen geheiratet haben, und eine Zusammenstellung von Daten der Auswanderer aus Düdelsheim, die durch die Angaben über die Ankunft an der Wolga und die dortige Erstausstattung ergänzt werden, wie sie von Igor Pleve veröffentlicht wurden.

90 Seiten A5, Softcover, 14 Bilder, 10,00 €

Verbannt und ohne Heimat
Deutsche Auswanderer in Russland
Maria Reichert

Die Familien- und Lebensgeschichte Maria Reicherts sind ihre - sehr persönlichen - Erinnerungen an das Leben in der ehemaligen Sowjetunion und die Geschichten, die über Generationen weitergegeben wurden. Sie sind aber zugleich exemplarisch für den Lebensweg vieler Deutschen ihrer Generation aus dem Gebiet der unteren Wolga.
Maria Reicherts Vorfahren wanderten Ende des 18. Jahrhunderts aus Büdingen an die untere Wolga aus. Ihre eigenen Erinnerungen beginnen mit der Flucht ihrer Familie vor politischer Verfolgung durch die sowjetischen Machthaber. 1941 wurden sie in das Altai-Gebiet ausgesiedelt, zwei Jahre später kam sie als siebzehnjährige für vier Jahre in das Arbeitslager Suchobeswodnaja. In den Gulags herrschten unmenschliche Bedingungen. Die Gefangenen, darunter auch viele Kinder, wurden zu Arbeitssklaven gemacht. Sie mussten in eisiger Kälte beim Gleisbau, in Minen, im Steinabbau und als Holzfäller arbeiten. Hunderttausende der Internierten starben während der jahrelangen Strafgefangenschaft aufgrund harter Klima- und Arbeitsbedingungen, Mangelernährung und fehlender medizinischer Hilfe oder sie wurden erschossen.
Später zog Maria Reichert mit ihren Kindern umher, auf der Suche noch einem menschenwürdigen Dasein ohne Hunger und Diskriminierung. Eindringlich schilderte sie ihren Weg von Sibirien über Kasachstan nach Lettland, von wo sie - nach vierjährigem Kampf mit den Behörden - nach Deutschland ausreisen durfte.
Die stark erweiterte Auflage von 2012 enthält, neben dem Vorwort ihrer Tochter und einer Übersicht über die Entstehung des Dorfes Kraft von Viktor Diesendorf, weitere Erinnerungen von Maria Reichert, „Das Lied von Küster Deis“ und eine Vielzahl an Bildern aus dem Privatbesitz der Familie.

128 Seiten A5, Softcover, 19 Bilder, 12,00 €

Schiffspassage ohne Rückfahrticket
Geschichte der Auswanderer aus Gelnhaar
Renate Zyszk

„Schiffspassage ohne Rückfahrticket“ bedeutete für die Gelnhaarer, die ihre Heimat verließen, eine Fahrt ins Ungewisse. Einen Weg zurück gab es nicht mehr, es zählte nur „nach vorne schauen“. Aller Besitz, vom Häuschen und der Felder bis zum Haushaltsgeschirr, wurde verkauft, um die Schiffspassage zu finanzieren. Mit sehr wenig Kapital begann der Neuanfang in Amerika und harte Arbeit war angesagt, doch das war man ja gewohnt. Natürlich brauchte man auch eine Portion Glück oder gute Freunde, die beim Neustart halfen. Doch hier lohnte sich die harte Arbeit, trotz Bürgerkrieg und Überfällen, die natürlich ein schwerer Rückschlag waren. Sie brachten es zu Wohlstand, der ihnen in der alten Heimat nicht beschieden war.

69 Seiten A5, Softcover, 58 Bilder, 9,00 €

Johann Jährig und seine Zeit
Ein Büdinger forscht bei den Mongolen

Karlheinz Schweizer sammelte umfangreiches Material zu diesem heute fast vergessenen Mongolenforscher des 18. Jahrhunderts. Er zeichnet das Leben des Johann Jährig von seiner Geburt 1747 auf dem Herrnhaag bei Büdingen bis zu seinem Tod in Petersburg im Jahre 1795 nach.
Jährig interessierte sich nicht nur für die Sprachwissenschaft, sondern auch für die Geschichte und Ethnographie der mongolischen Völker, für Religionsgeschichte und Astrologie. Er untersuchte alles, was er auf seinen Reisen zu sehen bekam. Der „Translateur“ betrieb sechzehn Jahre lang, unter schwierigsten Bedingungen, was man heute Feldforschung nennen würde.

47 Seiten A5, Softcover, 6,00 €

Eine Spurensuche:
Auswanderinnen nach Übersee
1945 – 1985
Renate Holzapfel

Das Archiv Frauenleben im Main-Kinzig-Kreis e.V. hat es sich zur Aufgabe gemacht, die Geschichte und die Erinnerungen von Frauen zu sammeln, aufzubewahren und lebendig zu halten. Diese Sammlung von Erlebnissen von Auswanderinnen, die zwischen 1945 und 1985 ins außereuropäische Ausland gingen, soll dazu beitragen.
Für das Projekt schrieben 16 dieser Frauen ihre Erfahrungen auf, Hinterbliebene steuerten Erinnerungen und Nachrufe bei. Die Lebensläufe sind vielfältig und bieten eine spannende Lektüre, die voller Unternehmungsgeist, Mut und Beharrlichkeit ist. Mit zahlreichen Fotos und einem einleitenden Artikel der Projektleiterin Renate Holzapfel, Kulturanthropologin und Migrations-Expertin, bietet das Buch einen fesselnden Beitrag zur Dokumentation der Geschichte von Frauen.

91 Seiten A5, Softcover, 19 Bilder, 9,00 €